Vivre seule et heureuse

UNE ÉDITION DU CLUB QUÉBEC LOISIRS INC.
© Avec l'autorisation des Éditions Quebecor
© Éditions Quebecor, 1998
Dépôt légal — Bibliothèque nationale du Québec, 1999
ISBN 2-89430-404-8
(publié précédemment sous ISBN 2-7640-0242-4)

Imprimé au Canada

CHANTAL ST-HILAIRE

Vivre seule et heureuse

Introduction

Aujourd'hui, tout change constamment. Nous vivons à un rythme effréné, on dirait une course contre la montre. Vous vous souvenez du lapin blanc dans l'histoire d'*Alice aux pays des merveilles*? Nous ressemblons un peu à cette créature qui, montre à la main, répétait sans cesse: «Tant de choses à faire, si peu de temps.» Notre époque est véritablement frénétique, et cette frénésie a incontestablement un impact sur nos valeurs: nous vivons dans un monde très différent de celui pour lequel nous avons été préparés. Les structures mêmes de notre société sont ébranlées. Tout cela n'est pas arrivé du jour au lendemain.

Sur le plan du couple et de la famille (sujet qui nous intéresse davantage), il y a déjà plus de vingt ans qu'on nous dit que la cellule familiale est morte ou en train de mourir; une très longue agonie! Comme c'est souvent le cas dans notre société, ce sont les femmes qui ont eu — et qui ont encore aujourd'hui — à faire face aux changements les plus radicaux, surtout en matière de relations familiales et humaines. Bien sûr, les hommes doivent également faire face à ces situations, mais ils le font souvent dans une moindre mesure. Même si le divorce ou la séparation des couples en union de fait sont pratique courante, ils ne sont certainement pas plus faciles à vivre. On pourrait — serait-il plus juste de dire on devrait — ajouter que le nombre d'années vécues en couple égale le niveau de difficulté d'adaptation que nous avons à affronter. Ce n'est toutefois que lorsque le phénomène nous touche personnellement qu'on en saisit toute l'ampleur.

Quoi que certains spécialistes en disent pour tenter d'en atténuer l'impact, on vit plus souvent qu'autrement la séparation ou le divorce comme une catastrophe car, quelles que soient les raisons qui les motivent, ils impliquent plusieurs changements radicaux. Mais «changement» n'est pas synonyme de «désordre»! Certes, vous pouvez subir ces conséquences, mais vous pouvez aussi en tirer avantage; c'est essentiellement une question de choix, d'attitude.

De fait, vous pouvez percevoir le divorce ou la séparation comme une amélioration ou une perte, comme un événement tragique ou une situation enthousiasmante. C'est vraiment une question de choix. Ce qui importe, c'est la façon dont vous allez réagir et ce que vous allez faire... après.

Dans ce livre, je vous propose de cheminer au travers les aléas de cet événement et je vous suggère diverses solutions de rechange, des façons différentes de voir les choses, d'améliorer votre qualité de vie. Je ne crois pas détenir toutes les réponses et je ne vous présente pas de formule magique — c'est dommage, je sais, une formule magique serait tellement pratique! Malheureusement, il n'en existe pas. La seule solution valable consiste en un long processus, parfois difficile, qui est aussi une merveilleuse occasion de redéfinir ce que nous sommes et ce que nous voulons être.

Je m'efforcerai de vous aider à trouver votre chemin vers une nouvelle vie, de nouveaux buts, même si chaque cas est en quelque sorte un cas d'espèce. Ainsi, toutes les suggestions ne seront peut-être pas appropriées à votre situation personnelle, mais elles vous permettront néanmoins de découvrir comment d'autres vivent cette étape de leur vie. Je traiterai donc des petits détails de la vie de tous les jours afin de tenter de vous les rendre plus faciles et plus agréables.

Chapitre 1
Le bonheur, ça s'apprend

Lorsque nous traversons des périodes vraiment difficiles, telles celles qui entourent une séparation, un divorce, la maladie, un deuil, il est vrai —très vrai! — que nous sommes portés à nous apitoyer sur notre sort. Même si c'est parfaitement normal, ça ne nous apporte rien, absolument rien. Cette attitude renforce seulement l'idée que les malheurs n'arrivent qu'à nous.

Bien sûr, nous devons exprimer notre chagrin avant de pouvoir nous reprendre en main et continuer notre vie; en parler, le raconter, peut nous apporter une aide précieuse, au début. Trouver une oreille attentive chez un ami peut nous faire accepter un peu plus facilement ce malheur. Souvent, d'ailleurs, le simple fait de *dire* nous apporte un certain réconfort.

Mais la peine ne peut pas durer toujours, il faut en sortir, en finir. C'est probablement le plus difficile à faire, mais, tout doucement, il faut arrêter d'y penser et s'occuper à autres choses. En ce sens, il est donc important d'avoir des activités — sport, loisir, passe-temps, etc. — qui sachent nous sortir, ne serait-ce que quelques instants, de notre *malheur*.

Une fois les plus durs moments passés, nous devons prendre conscience de l'attitude que nous avons face à notre vie; il faut se faire à l'idée de changer des aspects de notre vie, si cela s'avère nécessaire. Pour réussir, la formule est aussi simple que... difficile à mettre en pratique: nous devons remplacer nos pensées négatives par des pensées positives, essayer de voir le beau côté des choses plutôt que le mauvais. Le même principe s'applique pour les personnes qui nous entourent: nous devons chercher à voir leurs qualités plutôt que leurs défauts, et si nous ne voyons malgré tout que des défauts, il faut apprendre à mettre un terme à ces fréquentations.

LE BONHEUR À PORTÉE DE LA MAIN

Surtout, nous devons éviter de nous complaire dans nos malheurs; nous devons prendre notre courage à deux mains pour mordre à nouveau à pleines dents dans la vie. Certaines petites choses peuvent nous aider à reprendre plus rapidement le contrôle; par exemple, plutôt que d'aller voir un drame, au cinéma, pourquoi ne pas choisir une comédie qui nous fera rire? Cela nous évitera de pleurer! Il convient également de chercher à s'entourer de personnes respirant la bonne humeur, l'optimisme et le bonheur, car on peut difficilement être malheureux lorsqu'on est avec des gens heureux.

Oui, qu'on se le dise, le bonheur s'apprend...

Pour commencer, il nous faut savoir apprécier à sa juste valeur le petit bonheur de tous les jours: un enfant qui nous dit *«Je t'aime maman»*, un matin rempli de soleil, l'odeur du sucre à la crème, une bonne soupe chaude lorsqu'il fait froid, etc. Plus nous savourons chacun des tout petits bonheurs, plus nous nous sentons heureuses et prêtes à accueillir de plus grands bonheurs.

Il est certain que des problèmes quotidiens et de plus grandes peines nous arriveront encore, mais nous saurons qu'après la pluie revient toujours le beau temps: ça, nous ne devons jamais l'oublier.

Il y a certains *trucs* qui peuvent nous faciliter la tâche. Ils pourront servir aussi comme matière à réflexion. Les voici:

- Évitons de ressasser tous les malheurs qui nous sont arrivés; revoyons plutôt toutes les joies que nous avons vécues;

- Apprenons à apprécier tous les bonheurs que nous vivons, même les plus petits;

- Voyons toujours le bon côté de ce qui nous arrive, évitons de toujours imaginer qu'un drame se profile inévitablement à l'horizon;

- Remplaçons nos idées noires par des pensées joyeuses et heureuses;

- N'imaginons pas à l'avance tous les malheurs qui pourraient nous arriver; faisons plutôt le contraire, pensons à toutes les joies qui nous sont offertes;

- Trouvons des moyens qui nous permettent d'accueillir le bonheur. Par exemple, la visualisation peut nous aider à nous épanouir; le fait de nous voir heureux ne peut qu'amplifier notre goût du bonheur. Plus on croit au bonheur, plus on est prêt à le recevoir.

Il est vrai que tout cela n'est pas nécessairement simple à faire, à mettre en pratique; il faut du temps et de la pratique pour y arriver, mais cela nous mènera assurément vers le bonheur. Tous ces changements prendront certainement du temps et beaucoup d'énergie; il nous faudra souvent recommencer, mais si nous y mettons suffisamment d'efforts, nous arriverons à nous sentir plus heureuses et, en même temps, mieux avec nous-même.

Il nous faut toujours — absolument — garder confiance en nous et en la vie, c'est là le premier des secrets du bonheur.

Chapitre 2
Vers la séparation

Avant que l'un ou l'autre des conjoints en arrive à prononcer des paroles aussi difficiles à entendre que: «Je ne peux plus vivre avec toi!», «Je ne t'aime plus!» ou «Je te quitte!», il a sûrement envoyé certains messages que l'autre partenaire n'a pas compris ou n'a pas voulu comprendre. Outre ces messages, parfois à double sens, il y a forcément eu des secrets de la part de l'un ou l'autre, des confrontations ou des discussions orageuses que les conjoints n'ont pas pu ou n'ont pas voulu prendre au sérieux.

Si seulement la personne à qui ces messages étaient destinés avait pu reconnaître les signes avant-coureurs d'un malaise, du désenchantement, de l'épuisement de leur couple, peut-être aurait-elle pu agir en conséquence et faire quelque chose avant que tout s'écroule. Mais il arrive malheureusement trop souvent que ces messages se rendent mal et trop tard.

Lorsqu'une vie de couple est confrontée à trop d'insatisfactions, à trop de points qui ne sont jamais réglés, qui restent toujours en suspens, il est inévitable qu'une profonde mésentente s'installe; à la longue, celle-ci conduit l'un ou l'autre des conjoints à choisir la rupture plutôt que de continuer à vivre dans une relation qui n'a plus rien de valorisant.

C'est au fil des années, parfois même des mois, que les conjoints prennent une certaine distance l'un vis-à-vis de l'autre. Un des tout premiers signes qui trahit un «malfonctionnement» dans la vie de couple, c'est bien sûr le manque de communication. Les conjoints se parlent de moins en moins; finie l'époque où chacun racontait les petites choses qui avaient émaillé sa journée. Dès lors, les conjoints ne se parlent plus que des choses *importantes*: les enfants, l'argent, la gestion du quotidien. On ne se parle plus de ces autres choses, pourtant aussi essentielles au bon fonctionnement de la vie de couple, que sont les sentiments, les émotions, les états d'âme. Terminé tout ça! Lorsqu'on vit une telle situation, on ne s'aperçoit pas qu'en évitant d'aborder toutes les questions relationnelles et émotives, il devient d'autant plus difficile de réussir à se parler des *vraies* affaires.

Pis encore, avec le temps, ce silence peut se transformer en agressivité de la part de l'un ou de l'autre des conjoints qui ressent ce manque de communication comme un rejet; l'autre réagit de la même façon et réplique: on se parle à demi-mots, on s'adresse des reproches de plus en plus durs et de plus en plus souvent. Les conjoints se regardent comme chiens de faïence, se boudent, s'ignorent; c'est l'indifférence qui s'installe.

C'est alors qu'un des conjoints, l'homme dans la plupart des cas — parce que c'est encore la femme qui, plus souvent qu'autrement, a la plus grande part de responsabilités face aux enfants et à la *maison* — préfère s'occuper à l'extérieur de la maison. Il ne peut plus supporter la tension à la maison, le regard de l'autre, les récriminations, etc.; il prolonge ses heures de travail jusqu'à tard dans la soirée, il se remet à fréquenter de vieux amis...

Bien sûr, le conjoint qui attend à la maison s'impatiente et plus le temps passe, moins il parvient à contrôler sa colère. L'accumulation se traduit par des reproches et des gestes qui, la plupart du temps, ne font qu'accentuer le problème. Les conjoints s'éloignent l'un de l'autre et commencent à vivre dans des univers séparés. Souvent, un des conjoints ne veut même plus faire l'amour, estimant qu'il n'y a plus d'amour dans la relation.

Peu à peu, les choses dégénèrent. Certains choisissent alors la voie de l'adultère, d'autres s'égarent dans l'alcoolisme ou la toxicomanie; dans certains cas, cela peut même conduire à la violence. Les motifs de discorde et les problèmes s'accumulent. C'est le début de la fin.

DIVORCE OU RÉCONCILIATION

Tout cela conduit naturellement à une vie de couple insoutenable; les conjoints ne peuvent plus supporter les trahisons, les mensonges, l'indifférence, l'ambiance infernale qu'ils vivent à la maison. Ils décident, parfois d'un commun accord, de mettre fin à leur union.

Cela ne signifie pas nécessairement la fin des problèmes, puisque commence alors la guerre des nerfs et la confrontation de tout moment: tout ce qui n'a pas été dit au cours des derniers mois ou des dernières années sort comme un flot ininterrompu de paroles et de gestes plus blessants les uns que les autres. Tout ce qui aurait dû se dire bien avant ou au fur et à mesure des événements et des situations sort tout d'un coup et beaucoup plus abruptement, parce que cela a été refoulé durant trop longtemps.

Après s'être dit ce qu'ils avaient sur le cœur, les conjoints peuvent choisir de se laisser parce qu'ils constatent qu'il n'y a plus aucun lien qui les rattache l'un à l'autre, que leur histoire est terminée et que rien ne pourrait les rapprocher — la réconciliation est impossible pour eux. Mais après avoir exprimé leurs frustrations, ils peuvent aussi se rendre compte qu'il y a peut-être encore une petite flamme qui n'est pas éteinte et que s'ils réussissent à la raviver, il y a peut-être encore une chance que leur couple tienne le coup...

C'est vrai qu'ils auront perdu leurs illusions l'un pour l'autre, mais maintenant qu'ils connaissent leurs forces et leurs faiblesses, ils sont mieux en mesure de réagir et d'agir. C'est le moment de s'ouvrir complètement, de dévoiler ses secrets, ses désirs, d'exprimer clairement ses émotions et ses sentiments pour ainsi pouvoir repartir à zéro sur de nouvelles bases.

Si les deux conjoints ont un profond désir d'investir les énergies nécessaires dans leur couple, ils peuvent effectivement reconstruire une relation solide. En apprenant de leurs erreurs, ils peuvent retrouver l'amour qu'ils avaient l'un pour l'autre au début de leur relation.

C'est à eux de choisir, c'est à eux de savoir si le jeu en vaut la chandelle...

Bien sûr, pour se donner les meilleures chances de reconstruire une relation épanouissante, il est préférable de ne pas attendre d'être rendu à l'extrême limite pour faire quelque chose. Lorsque les deux conjoints n'en peuvent plus d'être ensemble, il est beaucoup plus difficile de régler les problèmes qui se sont accumulés. Pour conserver une relation saine et équilibrée, il faut garder grandes ouvertes les portes de la communication; un dialogue franc et sincère permet de se comprendre avant même que les événements ou les situations critiques apparaissent.

Ainsi, au moment où survient le moindre petit problème, le plus petit accrochage ou la moindre divergence d'opinion, il faut agir; il faut éviter de laisser le problème prendre une importance démesurée et les situations déplaisantes s'accumuler. Cela exige, bien sûr, une attention de tous les instants, mais c'est de cette seule manière qu'on peut entretenir une relation de couple valorisante et heureuse. Parce que, retenons-le, c'est lorsqu'un des conjoints a quelque chose sur le cœur et qu'il ne peut en parler, en discuter franchement, que commence vraiment la séparation. Tant et aussi longtemps que les conjoints peuvent exprimer leurs sentiments, leurs frustrations, il ne peut se créer aucun fossé infranchissable. Nos grands-parents disaient qu'il ne fallait pas se coucher après une dispute sans s'être réconciliés, et ils étaient loin d'avoir tort!

Toutefois, même avec les meilleures intentions du monde et toutes les connaissances psychologiques nécessaires, le plus grand désir de réconciliation peut aboutir à l'échec. La séparation devient inévitable et plusieurs aspects doivent alors être considérés — celui des enfants n'est certes pas à négliger.

PRÉPARER LES ENFANTS À LA SÉPARATION

Vous allez vous séparer ou divorcer — vous le savez, vous l'avez décidé seule ou vous en avez peut-être discuté avec votre conjoint. Ça ne va plus, la réconciliation est impossible. Votre décision est prise. Demain ou dans un mois, ce sera la rupture définitive. Autant vous pouvez (et devez) planifier tout ce qui entoure cette séparation, autant, aussi, vous devez songer à vos enfants.

La séparation ou le divorce, bien qu'ils apparaissent subits, sont en fait la conclusion d'un long processus de détérioration des rapports entre deux individus qui forment un couple. Comme nous l'avons vu, une rupture ne se décide pas du jour au lendemain, sans qu'il y ait de raisons fondamentales de se quitter. Même si l'événement déclencheur vous semble anodin, il existe, derrière, une longue histoire de frustrations, de désillusions ainsi que des sentiments de colère non exprimés ou trop souvent exprimés pour assurer la domination dans le couple, et ainsi de suite.

Si vous avez des enfants, ils se sont immanquablement aperçus que quelque chose ne tournait pas rond. Ils sont peut-être jeunes et inexpérimentés, mais ils ne sont pas idiots pour autant. Tenter de cacher la vérité sous une couverture de mensonges est inutile, cela ne fait que déstabiliser encore plus les relations entre les membres de la famille. Sans donner tous les détails de vos différends avec votre conjoint, vous devez néanmoins expliquer, du mieux que vous pouvez le faire, que les choses ne vont pas bien. De toute manière, comme ils vivent avec vous, ils se rendent bien compte que l'ambiance à la maison n'est pas celle qu'elle a déjà été.

GÉRER LES CONFLITS ET LES LOYAUTÉS

Même dans les familles les plus traditionnelles, il existe parfois des conflits sur le plan de la loyauté. Souvent pour des questions sans importance, des alliances spontanées se forment entre un parent et un enfant, généralement au cours de discussions sur certains sujets. Quasi magiquement, les gars et les filles se divisent, les garçons faisant souvent cause commune avec leur père et les filles, avec leur mère. Cette division n'a rien d'inquiétant dans la majorité des cas, car les alliances se font et se défont comme un jeu sans importance.

Toutefois, dans les conflits plus sérieux comme ceux qui mènent à une séparation, il vous faut être attentive à la formation d'alliances qui peuvent mener vraisemblablement à une bataille rangée où des paroles irrémédiables peuvent être prononcées dans un camp comme dans l'autre.

Comme vous le savez, les enfants imitent leurs parents, que le comportement de ceux-ci soit acceptable ou non. Il n'est pas question ici de chercher à savoir qui a raison ou qui a tort, mais bien de percevoir, s'il y a lieu, toute loyauté aveugle et irraisonnée qu'ont les enfants pour leurs parents en général, et pour le parent qu'ils sentent victime en particulier.

On rapporte d'ailleurs souvent que dans des situations de violence conjugale, un des enfants, un garçon, l'aîné dans la majorité des cas, se porte à la défense de sa mère et tente de faire tomber les coups sur lui-même plutôt que de voir sa mère souffrir plus longtemps; moins fréquemment, il arrive qu'un des enfants batte les enfants plus jeunes, reproduisant ainsi le comportement d'un père violent. Ce type de comportement est malheureusement trop fréquent et il illustre comment la violence peut engendrer la violence. C'est aussi ce qui explique en partie que des enfants victimes de sévices physiques ou sexuels aient tendance à répéter ce type de comportement plus tard, dans leur vie adulte.

Il vous faut donc éviter à tout prix les polarisations au cours de conflits familiaux, empêcher que des alliances inter-familiales ne se forment au détriment d'un parent ou de l'autre. Voici quelques conseils pratiques:

- Ayez des discussions adultes avec votre conjoint afin que les enfants ne servent pas d'otages dans un conflit, que celui-ci soit bénin ou qu'il mène à une séparation.

- Évitez de polariser l'attention d'un ou de plusieurs enfants sur certains points précis de votre conflit.

- Empêchez que votre dispute ou votre séparation ne devienne un concours de popularité qui donnerait l'affection des enfants en prime.

- Évitez de jouer le rôle de la victime en peignant un sombre portrait de votre conjoint; cela ne sert à rien, car vos enfants continueront de l'aimer quand même: c'est bien connu, l'amour qu'éprouvent les enfants pour leurs parents défie toute rationalité.

- Ne mentez pas pour avoir le beau rôle ou pour faire porter votre peine par vos enfants. Cela pourrait vous coûter très cher. Les enfants grandissent... Si vous leur mentez lorsqu'ils sont petits, ils risquent de se détourner de vous plus tard.

- Ne vous servez pas d'eux pour vous venger de votre *ex*. Encore une fois, lorsqu'ils atteindront l'âge adulte, ils seront aptes à vous condamner pour votre attitude manipulatrice.

- Ne prenez pas un de vos enfants comme confident. Vos problèmes ne pourront pas être résolus par eux. Faites preuve de maturité et trouvez quelqu'un de votre âge et de votre expérience pour vous confier.

- Ne faites pas jouer le rôle du chef de famille par l'aîné de vos garçons. *Vous* êtes le chef de votre famille maintenant, assumez vos responsabilités.

- Ne faites pas arbitrer vos conflits et vos discussions par vos enfants. C'est leur demander de prendre parti et c'est très mauvais pour l'image qu'ils se font des adultes.

- Ne faites pas de chantage émotif sur vos enfants dans le but de leur faire manquer leurs visites avec votre *ex*. Ils ont le droit d'établir des relations familiales avec leur parent absent. Si vous craignez des abus physiques ou autres, demandez alors l'aide du tribunal, mais ne prenez pas la décision de couper les ponts sans consulter d'autres personnes.

- Prenez votre part de responsabilités pour cette séparation. Vous avez décidé de vous marier à deux et vous décidez de divorcer à deux. Soyez assez honnête pour admettre qu'il existe probablement des torts des deux côtés.

- Ne parlez pas de vos problèmes à des tiers, en présence de vos enfants. Si vous devez expliquer la situation à des enseignants ou à des membres de votre famille, attendez que vos enfants soient ailleurs, préférablement à l'extérieur de la maison, ou, lorsque c'est possible, déplacez-vous pour rencontrer ces personnes. Écouter aux portes est l'un des *sports* préférés des enfants, c'est de cette façon qu'ils apprennent souvent les choses qu'on tente de leur cacher.

Malgré tous ces conseils, des conflits de loyauté peuvent néanmoins s'immiscer dans votre famille. Il faut les traiter de façon délicate; si vous remarquez une forte polarisation au sein de vos enfants ou des comportements violents et abusifs, demandez de l'aide professionnelle. Une thérapie familiale peut s'avérer profitable pour régler ce type de problème. Parlez-en, si possible, avec votre ex-conjoint car, bien souvent, quoi que vous en pensiez, il a à cœur les intérêts de vos enfants. Surtout, sortez des stéréotypes et des idées préconçues quant à votre situation. Tous ces préjugés ne servent qu'à brouiller les cartes inutilement. Servez-vous plutôt de cette occasion pour redéfinir vos priorités et vos structures familiales. Alors, les enfants seront en mesure de vivre sainement cette étape, certes difficile, mais pas insurmontable.

EXPRIMER SES SENTIMENTS ET SES ÉMOTIONS

Que vous ayez enclenché le processus menant au divorce ou que votre conjoint l'ait fait, le résultat est le même. Vous traversez des hauts et des bas, vous vous félicitez parfois de votre initiative et vous la regrettez parfois aussi. Vous êtes en état de choc, et c'est normal. Mais c'est fait! Vous devez maintenant vous faire à l'idée.

La décision est irrévocable et le processus, enclenché. C'est le temps de reprendre votre souffle, de vous asseoir et d'apprendre à lâcher prise. Surtout, il vous faut apprendre à exprimer vos émotions et vos sentiments, quels qu'ils soient. Cela ne signifie pas, bien entendu, que vous deviez vous donner en spectacle, mais il faut que vous soyez honnête avec vous-même.

LE CAS DE BARBARA M.

Barbara M. venait de divorcer d'avec son mari. Elle avait vécu une vie d'enfer qui avait duré dix ans. Tout au long de ces années, Barbara s'était retrouvée fréquemment à l'urgence et elle n'arrivait plus à trouver d'excuses pour cette violence conjugale qu'elle subissait. La dernière fois, c'en fut trop: elle trouva refuge dans un centre spécialisé et, avec l'aide d'une travailleuse sociale et d'un avocat, il lui fut possible de passer au travers du processus du divorce. Une fois retournée à la maison, seule devant le fait accompli, elle ressentit pourtant une immense tristesse l'envahir, elle qui aurait normalement dû sauter de joie puisque plus personne n'était là pour la brutaliser, pour l'injurier.

Barbara se mit à avoir honte d'avoir du chagrin: qu'est-ce que les gens diraient s'ils le savaient? Qu'en penseraient-ils? Ils croiraient sûrement qu'elle aimait être battue, brutalisée. Elle réprima donc ce chagrin, refusa de l'assumer et l'enfouit au plus profond de son être. Deux ans plus tard, elle se retrouva de nouveau à l'urgence, cette fois-ci pour une tentative de suicide.

Ce sont ces sentiments non exprimés qui ont poussé Barbara vers l'autodestruction; au lieu de s'en libérer, d'exprimer ses émotions à voix haute ou de pleurer un bon coup et d'en finir une fois pour toutes, elle en est devenue victime; en réprimant ses émotions, elle leur accordait une place beaucoup plus grande.

Après une assez longue thérapie, il lui fut cependant possible de repartir du bon pied. Pour elle, il était essentiel de se rendre compte qu'elle n'était pas responsable de sa violence, qu'elle n'était que le *punching bag* sur lequel son mari s'exerçait. Il lui a néanmoins fallu apprendre à faire le deuil de cette relation et, surtout, à examiner soigneusement son rôle dans cette tragédie.

LE CAS DE MICHÈLE D.

Michèle D. est une femme de carrière, dans la quarantaine, qui connaît beaucoup de succès grâce à son travail acharné. Voilà quelques années, son mari la quittait pour aller vivre avec une fille de vingt ans. Ce fut un divorce plein de récriminations, mais qui se révéla financièrement avantageux pour elle. Michèle se jeta alors dans le travail. Il n'était pas question qu'elle pleure la perte de cet homme qui l'avait abandonnée au profit d'une gamine. Certes, elle ressentait du chagrin, mais elle n'était pas pour l'admettre. Pour se calmer les nerfs, le soir, avant d'aller dormir, elle s'est mise à prendre un cognac, puis deux. Petit à petit, elle devint dépendante de l'alcool.

Heureusement, elle s'en rendit compte assez rapidement et quelques rencontres chez les AA lui permirent de faire le point. Elle n'était pas alcoolique: c'était tout simplement une façon de combler le vide qu'elle ressentait dans sa vie. Le ressentiment qu'elle éprouvait envers son *ex* lui empoisonnait l'existence et, surtout, elle était profondément fâchée contre elle-même d'avoir été ainsi dupée. Une fois ce ressentiment exprimé, elle a pu aller de l'avant et décider de vivre de nouveau, pas seulement d'exister.

FAIRE TABLE RASE DU PASSÉ

Le choc suivant la prononciation du divorce est quelque chose d'inévitable, d'incontournable, mais il peut survenir à des moments différents pour chaque personne. C'est la même chose que d'apprendre la mort d'un parent ou d'un ami; chacun est affecté différemment. Pour surmonter cet état négatif, vous devez donc faire le deuil de votre relation. Vous devez faire table rase de vos ressentiments. Si vous ne le faites pas de vous-même, la vie s'en chargera et les conséquences risquent alors d'être encore plus difficiles.

Mais comment faire pour se débarrasser de tout ce bagage? C'est simple, vous devez vous convaincre que c'est fini, terminé. Évidemment, c'est plus facile à dire qu'à faire!

Examinez soigneusement les raisons qui vous ont amenée à divorcer. Souhaitez-vous vraiment retourner avec ce conjoint? Pensez-y. Retourner signifie que rien n'a changé: s'il était infidèle, dominateur, violent ou quoi que ce soit d'autre, il le sera tout autant. Les circonstances qui ont commandé cette séparation restent les mêmes: si vos vies avaient pris des tangentes différentes, il en sera encore ainsi. Les raisons que vous aviez de divorcer sont toujours là, sinon vous ne seriez pas passée devant le juge.

Vous avez donc divorcé pour d'excellentes raisons et vous devez aller de l'avant. Pour avancer, et avant de réussir à passer à *autre chose*, vous devez exprimer vos émotions et vos sentiments quels qu'ils soient. Le problème, dans notre société, réside dans le fait qu'on nous a appris à enfouir sentiments et ressentiments au plus profond de notre être; nous voulons être perçue comme une bonne personne, quelqu'un qui ne ferait pas de mal à une mouche!

Cela est particulièrement vrai pour les femmes, chez qui la violence est vue comme une tare, un peu comme si les femmes ne pouvaient pas ressentir ce genre d'émotions. C'est tout à fait faux. Mais avec notre conditionnement, les résultats sont désastreux: les femmes ont tendance à tourner cette violence non exprimée contre elles-mêmes, avec les résultats que nous connaissons: suicide, dépression, alcoolisme, toxicomanie, etc. Elles se punissent d'éprouver des sentiments de haine contre quelqu'un ou quelque chose.

La prochaine fois que vous ressentirez des sentiments mitigés pour vous-même, votre ou vos *ex*, vos beaux-parents ou quiconque, au lieu de les réprimer, exprimez-les. Il vous sera alors beaucoup plus facile de vous en débarrasser.

SURVIVRE AUX RÉACTIONS

Malgré notre prétendue *ouverture d'esprit*, il y a des choses que nous avons de la difficulté à comprendre et à accepter. Il en est de même pour les autres. Nous vivons en société et cela implique que nous devions réagir aux actions et aux réactions des autres. Certes, nous affichons tous une grande ouverture d'esprit vis-à-vis des problèmes et des difficultés de vie que chacun peut éprouver, mais lorsque cela survient dans notre proche entourage, nous n'affichons pas nécessairement cette attitude accueillante. Voici quelques conseils.

VIVRE ET... LAISSER VIVRE

Lorsque la réaction de vos parents et de vos amis est négative, ce n'est pas nécessairement *personnel*, comme on dit communément; autrement dit, ce n'est pas contre vous qu'ils s'emportent, mais plutôt vis-à-vis des craintes que vous faites surgir en eux. Vous venez en quelque sorte d'ébranler leur univers — l'ordre établi n'existe plus. Et le changement, eh bien... ça fait peur, on ne sait pas ce qui vient avec lui — l'inconnu est très insécurisant! Tous ces gens que vous connaissiez, avec lesquels vous étiez en relation, s'étaient fait à l'idée que votre partenaire et vous formiez un couple lié à la vie et à la mort. Voilà que, tout à coup, ce n'est plus vrai. De plus, cela fait aussi jaillir en eux la peur que la même chose ne se produise dans leur vie...

L'OUVERTURE D'ESPRIT NÉCESSAIRE

Au cours d'une conversation avec quelqu'un qui désapprouve le divorce par principe, dites sans gêne à cette personne que vous respectez son point de vue, même si vous ne le partagez pas. Cela vous évitera un sermon et vous permettra de dire ce que vous avez à dire, simplement. Ne tombez pas dans le piège de la *pauvre petite qui est victime des circonstances injustes de la vie*. C'est ridicule et tellement cliché...

RÉALISME ET FRANCHISE

Si certaines personnes cessent de communiquer avec vous, vous pouvez toujours, si vous en ressentez le besoin, leur donner un coup de fil. Allez voir si leur silence est relié à votre séparation. Peut-être sont-elles tout simplement préoccupées par autre chose. Lorsqu'on vit une situation traumatisante, nous avons trop souvent tendance à nous imaginer que l'univers gravite autour de notre catastrophe personnelle. Ce n'est pas le cas. Certes, il est possible que certains ne veuillent pas prendre parti, s'engager vis-à-vis de nous ou de l'autre. Certaines personnes éprouvent une peur panique d'être mêlées aux batailles rangées qui surviennent parfois au cours d'un divorce. Évitez les scènes pathétiques, soyez simple et amicale et... évitez surtout d'exposer les dessous de votre ex-vie conjugale!

ÊTRE OU NE PAS ÊTRE

Souvenez-vous que votre *tragédie* personnelle n'a pas, pour les autres, la même signification ou la même importance qu'elle a pour vous; ne jouez pas les martyres ou les victimes innocentes, et évitez de peindre un portrait peu flatteur de votre *ex*, surtout en présence de ses amis — ils dresseront eux-mêmes, assez rapidement, un portrait de la réalité...

L'INTENSITÉ DES RELATIONS

Rassurez vos amis communs (ceux que vous voulez conserver) que votre divorce ne change rien en ce qui concerne vos sentiments à leur égard. En fait, c'est même l'occasion de renforcer vos liens avec eux. Vous devez être franche, directe, et ne pas avoir honte d'afficher ce que vous désirez maintenant comme genre de relation.

OUI, NON, PEUT-ÊTRE...

Ce qui vous est arrivé n'est pas rose, mais si vous réussissez à trouver un meilleur style de vie que vous aviez avant — ce qui, dans le fond, est votre but —, ce n'est pas pour autant une raison de vous faire les apologistes du divorce. Évitez de suggérer cette solution aux couples que vous connaissez à la moindre discussion entre eux; le risque est que ce soit vous qu'ils éliminent de leur entourage!

Chapitre 3
Une vie à rebâtir

La plupart du temps, nous ne sommes pas vraiment conscientes de ce que nous pensons de nous-même. Par exemple, une femme qui s'estime peu trouvera toutes les raisons du monde pour justifier ce sentiment face à elle-même. Elle se plaindra d'une peau imparfaite, de ne pas avoir suffisamment de beaux vêtements, de voiture, d'argent, etc. Elle pensera donc, pour ces mêmes raisons, qu'elle a peu de chances de rencontrer un homme qui la trouvera agréable, intelligente et séduisante. De plus, à cause de la séparation — souvent perçue comme un échec —, elle s'attendra en quelque sorte au rejet; elle s'y attendra d'ailleurs tellement qu'elle ne se donnera même pas la peine de se montrer sous son meilleur jour!

ÊTRE UNE GAGNANTE!

La femme qui s'attend au *rejet* se définit et agit de manière à entretenir ces sentiments négatifs; elle ne se mêle pas aux gens qui l'entourent, elle ne sort pas, elle s'efforce de trouver d'autres femmes qui vivent la même situation pour ainsi se sentir en *terrain de connaissance*. Si c'est votre cas, sachez que vous agissez en fonction de ce que vous pensez être. Il y a celles qui gagnent et celles qui perdent, et le plus souvent, la différence ne réside pas dans les talents, mais plutôt dans la confiance en soi, la confiance en ses propres talents. Il va sans dire que ceci est vrai à divers degrés.

Il peut être très difficile pour chacune de se définir comme gagnante ou perdante; l'image que nous avons de nous-même n'est jamais aussi simple; la majorité d'entre nous d'ailleurs appartient à un groupe qui se situerait entre ces deux extrêmes. Néanmoins, il est très important que nous prenions conscience de l'image que nous nous faisons de nous-même, une image qui influence véritablement notre vie et nos réussites. Les objectifs que nous nous fixons, les risques que nous sommes prêtes à prendre et la persévérance avec laquelle nous nous efforçons de les atteindre ne dépendent pas tant de ce que les autres pensent de nous que de ce que nous pensons de nous-même. Celle qui pense du bien d'elle-même agit toujours en conséquence; celle qui a peu d'estime de soi s'attend à ce que les autres partagent son opinion à ce sujet.

QUI ÊTES-VOUS?

Les femmes qui ont une haute opinion d'elles-mêmes jouissent de cet oubli de soi en se laissant absorber par le monde qui les entoure plutôt qu'en développant une dépendance ou en se laissant aller à un extrême, quel qu'il soit. Elles n'ont donc pas besoin d'une activité unique ou spécifique pour les aider à vivre; leur vie contient *toutes* les activités dont elles ont besoin, elles ont l'habitude de s'intéresser à tout, elles s'acceptent telles qu'elles sont.

Les femmes qui ont une certaine confiance en elles sont capables de prendre des décisions; elles n'ont pas peur de se tromper — et puis, seule celle qui ne fait rien ne commet pas d'erreur! Ces femmes sont en général en bonne santé et les gens qui les entourent se sentent à l'aise avec elles, car elles ne sont ni prétentieuses ni trop exubérantes.

Les autres, celles qui n'ont justement pas une haute opinion d'elles-mêmes, s'enferment dans leur intérieur. La raison en est très simple: elles ne s'acceptent pas vraiment, elles ne peuvent donc pas se faire accepter facilement des autres.

Une piètre image de soi se révèle par beaucoup d'aspects, mais son expression la plus fréquente est l'exagération. Le manque de confiance en soi s'exprime aussi, souvent, par un effort constant pour impressionner les autres. Des exemples: elle fait étalage des relations importantes qu'elle possède, elle donne des pourboires exagérés, etc. Les femmes qui ont peu de confiance en elles ont souvent tendance à afficher cette attitude.

Une femme qui est capable de s'estimer n'est pas triste, quoiqu'elle ne soit pas nécessairement toujours remplie de joie non plus. Elle ne pense pas que les autres la rejettent, mais elle ne se sent pas non plus obligée de refléter le modèle parfait de la réussite sociale. Elle a parfois tort, mais pas toujours. Elle se rend parfaitement compte que ses succès ne sont pas sans pareil, mais elle ne s'enlise pas dans un sentiment d'échec. Et le plus important dans tout cela, c'est que les femmes qui s'aiment elles-mêmes savent aimer les autres et les comprendre.

APPRENDRE ET CHANGER

Quelle que soit notre façon d'être, il est incontestable que changer ne se fait pas sans effort. Cependant, si c'est à cause de notre anxiété ou de notre stress que nous manquons de confiance envers les autres, et à cause de notre insatisfaction que nous trouvons notre vie sans joie, la première chose à faire est d'agir sur nous-même. Aussi difficile que cela puisse être, c'est tout de même beaucoup plus simple que d'essayer de changer le monde.

La première étape pour améliorer l'image que nous avons de nous-même consiste à avoir la volonté d'y travailler. Et puisque le changement se rapporte à l'ego, il est souhaitable de se concentrer sur ce qu'on peut faire de manière différente. En n'ayant pas une image très nette de nous-même et en prêtant aux autres l'idée que nous nous faisons de nous, nous pouvons devenir victimes de cette tournure d'esprit. Ce ne sont pas les autres qui ne nous donnent pas notre chance, c'est nous qui nous la refusons — c'est donc à nous de changer de comportement et d'attitude.

Supposons, par exemple, que nous nous rendions compte que c'est nous, et non pas les autres, qui avons adopté une attitude inamicale; supposons que nous admettions finalement que c'est nous qui avons peur d'avoir tort et que les autres ne nous ont jamais menacées... de telles prises de conscience nous permettraient d'enclencher le pas vers une attitude plus saine et une meilleure image de soi. Nous pouvons ainsi améliorer notre image en nous rendant utiles aux autres. Nous ne pourrons faire de réels progrès seules, les autres sont indispensables et la meilleure manière de reconnaître leur importance est de les aider et de les laisser nous aider.

ÉPROUVER LA SATISFACTION

La deuxième étape, c'est d'arriver à accomplir un travail suffisamment bien fait pour ressentir de la fierté et de la satisfaction; nous devrions ressentir ces sentiments à la fin de chaque journée de notre vie.

Nous devons aussi apprendre à nous faire plaisir: la joie de vivre améliore l'image que nous nous faisons de nous-même. Certains plaisirs sont à la portée de tout le monde; ils sont peut-être petits, mais ils comptent! Mais, là encore, il est important de mettre l'accent sur les plaisirs partagés avec les autres. Une femme se ment à elle-même lorsqu'elle dit que c'est lorsqu'elle est seule qu'elle apprécie le plus la vie — cela peut être vrai à l'occasion, jamais toujours. En fait, esseulées et apeurées devant la société, beaucoup n'en désirent pas moins rencontrer des gens et sentir qu'eux aussi désirent leur présence. Mais elles n'ont pas encore appris à le faire...

Dans ce domaine, notre attitude pour donner et recevoir est très révélatrice de qui nous sommes. Je ne sais pas s'il vaut toujours mieux de donner que de recevoir, mais une chose est certaine: recevoir est agréable! D'autant plus que les gens ont en général beaucoup à nous donner. Nous devrions être capables d'accepter de bon cœur ces cadeaux — qui peuvent être autant sur le plan du vécu que des biens — et apprendre à dire merci. Nous devons accepter les sourires des autres, leur amour, leur connaissance, tout ce qu'ils sont capables de faire et de nous transmettre.

Cela nous permettra d'être satisfaites de nous-même, de ce que nous sommes vraiment. Plus que d'améliorer la vie, l'important — *l'essentiel* — est d'apprendre à apprécier ce que nous sommes et ce que nous possédons. Si nous essayons de garder notre attention vers ce but, alors nous avons de fortes chances de réussir à améliorer grandement l'image que nous avons de nous-même.

DIX COMMANDEMENTS
POUR APPRENDRE À VOUS AFFIRMER

Au cours de cette relation qui s'est achevée, vous avez probablement commis certaines erreurs de parcours, adopté certaines attitudes ou certains comportements qui vous ont rendu hésitante, qui vous ont fait vous sentir mal dans votre peau. Néanmoins, ce vécu constitue un bagage d'une valeur inestimable — surtout lorsqu'il devient question d'un nouvel engagement.

1. VIVEZ VOS VALEURS.
Convainquez-vous que vous ne mettrez pas vos valeurs au rancart pour un homme. Parce que, si vous le faites, sachez que vous trahirez votre propre «je suis», et la relation que vous essaierez de nouer aura peu de chance de réussite. Dites-vous que l'honnêteté est primordiale et que vous ne réussirez pas à vous affirmer véritablement si vous n'êtes pas honnête.

---

2. VISEZ L'AUTONOMIE.

Vous devez, le plus possible, garder votre autonomie et le contrôle de vos affaires; vous devez éviter, le plus possible également, de dépendre de qui que ce soit. Rappelez-vous que la dépendance ne paie jamais.

3. ASSUMEZ VOS ATTENTES.

Cela ne signifie pas avoir des exigences grandioses ou irréalistes, cela veut simplement dire que, à la base, vous avez certains goûts et certains besoins, que vous nourrissez certaines attentes. Petit fait insignifiant: vous aimez lire et... il considère que c'est une perte de temps. Combien de temps s'écoulera avant que cela devienne un sujet de discorde irréconciliable?

4. ÉCOUTEZ VOTRE INTUITION.

Souvent, votre intuition vous avertit de choses que votre raison ou votre logique tardent à percevoir. Fiez-vous-y un peu plus, au risque de regretter, plus tard, de ne pas l'avoir fait.

5. RÉFLÉCHISSEZ AVANT D'AGIR.

Avant de vous engager tête première dans une relation, accordez-vous un temps de réflexion. Il n'est pas question, ici, de refuser de le voir ou de partir quelques jours mais, plutôt, simplement, de réfléchir à ce que vous vivez. Cette réflexion s'impose d'autant plus lorsqu'il s'agit de décisions importantes, comme oublier votre style de vie pour adopter le sien ou... aller vivre chez lui.

6. RESTEZ RÉALISTE.

Oui, il est beau; oui, il est gentil et... tout ça! Mais ne construisez pas de châteaux en Espagne — après tout, c'est votre première sortie. C'est un peu prématuré pour penser (déjà) à vos vieux jours avec lui...

7. ÉVITEZ LES BLÂMES.

Ne prenez pas de blâme pour une sortie sans suite, mais ne rejetez rien, non plus, sur l'autre. En quelque part, c'est tout simplement que vous n'étiez pas faits l'un pour l'autre...

8. ÉVITEZ LA CULPABILITÉ.

De grâce! Ne déclenchez pas le mécanisme de la culpabilité. Tout n'est pas de votre faute. L'incompatibilité existe, admettez-le. Un autre trouvera charmante votre façon d'être ou de dire les choses.

9. RETENEZ LES LEÇONS.

Gardez à l'esprit que vous avez appris quelque chose. Premièrement: à rester vous-même; deuxièmement: à connaître le type d'homme avec lequel ça ne fonctionne pas pour vous. Il y a toujours une leçon positive à tirer de quelque rencontre que ce soit. Vous avez peut-être appris les secrets de la physique des *quanta*!

10. GARDEZ LES PIEDS SUR TERRE.

Vous n'êtes plus une enfant: lorsqu'une «offre» semble trop belle pour être vraie, c'est malheureusement (souvent) le cas: ne soyez donc pas dupe. Tout le monde a ses défauts, personne n'est parfait, et une seule rencontre est insuffisante pour découvrir la vérité. Soyez vigilante!

Retenez donc de tout cela que la vie se rebâtit par de petits détails, par de petits changements d'attitudes et de comportements. Voici donc quelques exercices pratiques qui sauront vous aider à apporter ces transformations:

- Réservez-vous un moment de solitude tous les jours, que ce soit vingt minutes de réflexion le matin ou un bain moussant le soir avant d'aller au lit. Profitez-en pour tenir un journal intime ou pour écouter de la musique que vous aimez particulièrement. Au début, cela peut vous sembler un peu fastidieux ou effrayant, mais il est nécessaire que vous fassiez connaissance avec la personne que vous devenez.

• Remplacez une mauvaise habitude par une meilleure. Un exemple classique: arrêtez de fumer, c'est difficile et cela vous occupera, croyez-moi! Au lieu de passer vos soirées à regarder la télé, pratiquez une activité physique, ne serait-ce que la marche. Il existe aussi bien d'autres possibilités, à vous de choisir!

• Cessez de rechercher l'approbation de tous, tout le temps. Soyez fière de vos décisions et maintenez-les! Petit à petit, vous regagnerez votre estime de soi et vous vous apercevrez qu'une bonne opinion de vous-même est plus importante que celle des autres. Demandez-vous ce que vous pensez vraiment sur des sujets variés. Formez vos propres opinions.

• Créez vos propres «rites de passage» pour célébrer votre croissance personnelle. Un moyen simple consiste à écrire, sur de petits bouts de papier, ce qui vous importunait, ce dont vous vous êtes débarrassé ou que vous avez laissé derrière vous. Une fois que ce sera fait, brûlez symboliquement ces morceaux de papier!

• Soyez réaliste: un divorce, ce n'est pas la fin du monde, même si cela vous apparaît ainsi pour l'instant. Le soleil se lève le matin et la lune prend la relève le soir. Bref, la vie continue. Cessez de regarder la parade et faites-en partie. C'est beaucoup plus drôle et vous vous sentirez moins seule.

FAIRE DE NOUVELLES CONNAISSANCES

Tiens! Vous êtes seule depuis quelques mois et vous venez de vous apercevoir que près de la moitié de vos amis et connaissances (et peut-être même un peu plus!) vous ont laissée tomber ou ont tout simplement disparu. Il est grand temps de regarder la situation en face et de décider ce que vous allez faire. Renouer avec eux? Peut-être — à vous d'en décider. Mais il est sûr que, maintenant, vous devez faire de nouvelles connaissances et nouer de nouvelles relations.

Après une séparation, il est plutôt courant de vivre ce genre de situation; il ne faut d'ailleurs ni s'en surprendre ni s'en formaliser. Une partie de vos amis étaient les *siens*; certains lui seront restés fidèles, probablement ses anciennes relations qui datent d'avant votre couple, mais aussi ceux qui avaient plus d'affinités avec lui qu'avec vous. La même chose se produira dans sa vie à lui: certains amis l'auront délaissé, préférant votre compagnie. Avec le temps, il est possible que vous décidiez de renouer avec certains de ses amis qui vous ont délaissée; c'est à vous de juger de la pertinence de ces rapprochements. Cependant, pour l'instant, il est beaucoup plus important, pour vous, de faire de nouvelles connaissances et de nouer de nouvelles relations.

LE STATUT SOCIAL

La première chose à laquelle vous devez vous attarder est incontestablement votre statut social. Cela peut sembler futile ou bizarre en parallèle avec la séparation où la notion de sentiments et d'émotions prime, mais il n'en demeure pas moins que cela aura une influence déterminante sur certaines des relations que vous entreteniez.

Dans notre société, une séparation ou un divorce signifie parfois (et souvent, dans le cas des femmes au foyer) un changement draconien sur ce plan. Vous avez divorcé et, par conséquent, vous n'êtes plus *femme de* médecin, d'avocat ou de

45

dentiste. Aux yeux de certains, cela n'a aucune importance; aux yeux d'autres, cela peut jouer un grand rôle; d'ailleurs, admettez-le, vous-même n'êtes pas insensible à cette réalité.

À ce changement social, il faut aussi, bien souvent, ajouter une diminution substantielle de revenus; dès lors, plus question de mener le même train de vie. Du coup, petit à petit, les amitiés basées sur votre ancien statut social s'étiolent et finissent par mourir. Vous pouvez pleurer toutes les larmes de votre corps, cela ne changera rien à la situation. Vous devez plutôt regarder vers l'avant et décider ce que vous allez faire, maintenant, de votre nouvelle vie.

Faites-le d'ailleurs sans regret et sans gêne: les personnes qui considèrent que vous n'êtes plus *digne* de leur compagnie ne valent définitivement pas la peine que vous les regrettiez. Au lieu de perdre votre temps en pensant à elles, il vous sera plus profitable et bénéfique de chercher à vous faire de nouveaux amis et à nouer de nouvelles relations, basées, cette fois-ci, sur un statut qui reflète ce que vous êtes vraiment et que personne ne pourra plus jamais vous enlever.

VIVRE LE CHANGEMENT

Examinez votre situation. Si vous devez retourner sur le marché du travail ou aux études, il vous sera naturellement plus facile de faire de nouvelles connaissances, de nouer de nouvelles relations et, de ce fait, de retrouver votre estime personnelle. Par contre, si vous demeurez à la maison, si vous avez des enfants dont vous devez vous occuper, la situation est un peu plus difficile et exigera que vous fassiez preuve de plus d'imagination.

Dites-vous cependant qu'une rupture avec un certain genre de vie peut survenir à tout moment, la séparation n'étant qu'un des événements qui conduisent à ce genre de situation.

Pour illustrer ce que je veux dire, laissez-moi vous parler de ma mère. Il n'était pas question de divorce, mais de retraite. C'était néanmoins un changement de vie important pour une femme active qui allait travailler tous les matins depuis plus de quarante ans. Qu'allait-elle devenir? D'autant plus qu'elle vivait seule depuis une dizaine d'années, sans mari, occupée à temps plein par son travail et par nous, ses enfants.

Du jour au lendemain, elle s'est retrouvée avec du temps libre. Elle en avait tant, d'ailleurs, qu'elle ne savait plus qu'en faire — le ménage c'est bien beau, mais ça n'occupe pas tous les instants de la vie!

Après maintes discussions avec les uns et les autres, elle décida d'aller faire un tour au Cercle des fermières de notre région. Ce fut, pour elle, une véritable révélation. Elle s'est retrouvée au milieu de femmes actives qui faisaient quelque chose de leur vie, qui continuaient d'apprendre et de s'amuser. Ma mère est aujourd'hui âgée de soixante-quinze ans et elle continue de mener une vie active, bien remplie. Dernièrement, elle a même commencé à peindre! Son seul regret est de n'avoir pas joint les rangs de ce regroupement lorsqu'elle était plus jeune.

Mais le Cercle des fermières — et commencez donc par chasser les idées préconçues que vous nourrissez envers les organismes de ce genre! — n'est pas la seule organisation ou association qui puisse vous permettre de vous faire facilement de nouveaux amis. Il en existe des tas d'autres, chacune avec des objectifs particuliers, et cela aux quatre coins du pays.

Renseignez-vous, parlez aux gens autour de vous de ce que vous cherchez; il s'en trouvera probablement pour vous faire des suggestions des plus intéressantes.

TRUCS ET ACTIVITÉS

J'ai fait un relevé d'activités qui ont permis à certaines femmes, au moment où elles devaient justement faire face à la situation que vous vivez aujourd'hui, d'établir de nouvelles relations. Si cela a été bon pour elles, ça peut l'être pour vous. Les voici donc, livrées en vrac. Mais, d'abord, quelques conseils pratiques. Examinez vos fréquentations. Qui fréquentez-vous? S'agit-il surtout de couples? Si c'est le cas, vous avez un problème, car vous allez constamment vous sentir la troisième roue de la charrette. Être toujours devant le fait que vous n'êtes plus en couple, du moins pour le moment, n'est pas la situation idéale pour vous. Cela ne veut pas dire de ne plus les fréquenter, mais bien de faire attention à vous et à votre fragilité émotive.

UN COPAIN, UNE COPINE
Lorsque vous sortez avec des couples d'amis, insistez pour amener quelqu'un, une copine ou un copain. Cela maintiendra un certain équilibre sur le plan de l'espace, surtout au restaurant alors qu'il n'y a rien de plus déprimant que d'être assis devant une chaise vide.

BLIND DATES
Ne refusez pas les *blind dates*. Au pire, cela fera une bonne histoire à raconter si elle est drôle ou bizarre.

BRUNCHS POUR CÉLIBATAIRES ET DIVORCÉS
Allez bruncher le dimanche ou le samedi matin; il existe maintenant des brunchs *spécialisés* pour les gens seuls, célibataires ou divorcés. Feuilletez le journal de votre quartier ou de votre municipalité.

AGENCES DE RENCONTRE ET PETITES ANNONCES
Les agences de rencontre tout comme les petites annonces réservées aux gens seuls peuvent être utiles, surtout si vous êtes occupée ou n'avez pas le goût de faire le tour des bars. Soyez honnête dans ce que vous dites: vous êtes là pour trouver

quelqu'un qui réponde à vos attentes — ne dites pas aimer des choses que vous n'aimez pas simplement parce que ça paraît bien! Soyez aussi très honnête dans votre description personnelle et celle de vos goûts. Vous n'êtes pas là pour épater la galerie. Soyez réaliste, décrivez-vous comme vous êtes et non comme vous voudriez être. Vous pouvez (bien sûr!) tricher un peu, mais si vous pesez soixante-dix kilos, n'inscrivez pas cinquante dans la description que vous faites de votre physique — il n'est pas aveugle, il s'apercevra facilement du subterfuge. Vous éviterez aussi, du coup, les rejets et les déceptions. (Voir aussi le chapitre 6 à ce sujet.)

ÉTUDES

Inscrivez-vous au cégep ou à l'université pour l'obtention d'un diplôme. C'est excellent pour vous, tant sur le plan de l'estime personnelle que sur le plan professionnel. C'est aussi un très bon endroit pour établir de nouvelles relations.

BÉNÉVOLAT

Faites du bénévolat, selon vos disponibilités. C'est un excellent moyen de connaître des gens, tout en vous rendant utile. Consultez une personne-ressource du CLSC de votre quartier ou de votre région; elle se fera un plaisir de vous aiguiller dans la bonne direction. Les hôpitaux, les centres d'hébergement et les services communautaires ont toujours un besoin pressant de bénévoles de tous les types.

ASSOCIATIONS

Inscrivez-vous à une association quelconque. Consultez votre journal local ou l'annuaire téléphonique, vous verrez qu'il en existe une multitude. Vous en trouverez bien une qui vous intéressera et dont les activités seront conformes à vos goûts.

COURS DE CUISINE

Suivez un cours de cuisine pour personnes vivant seules. Vous allez y rencontrer des individus dans la même situation que vous, tout en apprenant à cuisiner pour vous seule. Lorsqu'on a l'habitude de faire la cuisine pour plusieurs personnes, c'est assez déroutant de ne le faire que pour soi.

SORTIES CULTURELLES

Visitez les musées et les expositions; en plus d'être éducatives, ces sorties vous permettront de rencontrer des gens intéressants. Les concerts publics, les festivals locaux sont aussi d'excellents endroits pour rencontrer des gens. Souvent, ils permettent aux barrières sociales de tomber ou de s'estomper.

CLUBS DE CONDITIONNEMENT PHYSIQUE

Inscrivez-vous à un club de conditionnement physique: rien ne crée des liens comme souffrir ensemble! Vous serez plus en forme et vous bénéficierez du climat de camaraderie qui règne dans un tel endroit. C'est assez difficile de se prendre pour une autre lorsqu'on transpire à grosses gouttes.

PASSE-TEMPS

Initiez-vous à un nouveau passe-temps — un de ces passe-temps auxquels vous avez toujours rêvé, mais que vous n'avez jamais pratiqués parce que votre *ex* se moquait de vous. Vous pouvez en choisir un qui intéresse également les hommes, si vous voulez en rencontrer. Assurez-vous toutefois d'aimer le sujet ou d'avoir un certain intérêt pour lui; de cette façon, si personne d'intéressant ne retient votre attention, vous apprendrez tout de même quelque chose de nouveau! Vous ne devez absolument pas avoir l'air d'être à la chasse au mari: c'est la meilleure manière de faire fuir les candidats potentiels.

JARDINAGE

Vous aimez jardiner? Joignez un club de jardinage ou d'horticulture. Il existe plusieurs associations de ce genre; si vous habitez Montréal, renseignez-vous auprès des responsables du Jardin botanique; à l'extérieur de Montréal, demandez, cherchez dans votre entourage.

Chapitre 4

La solitude, la déprime et l'agressivité

Vous avez traversé sans trop d'encombres les premières affres de la séparation et vous avez pris votre quotidien en main. Bref, la vie continue et, au fond, vous pouvez vous dire que *ce n'est pas si mal que ça*. Vous savez que vous allez survivre et que... PRUDENCE!

C'est là que tout se complique.

Vous venez de passer au travers d'une expérience traumatisante et il reste des séquelles. Vous n'avez pas besoin de porter des cicatrices physiques apparentes pour démontrer que vous avez mal. Dans la majorité des cas, d'ailleurs, les femmes préfèrent cacher leur détresse au plus profond d'elles-mêmes; elles ont tendance à tourner la violence vers elles-mêmes plutôt que vers les autres. Dans un cas comme celui-ci — un divorce ou une séparation —, le sentiment d'échec peut être prédominant. C'est un échec personnel et cuisant; quelle que soit la cause ayant mené à la fin de l'union, il induit en vous un sentiment de culpabilité: vous n'avez pas réussi votre mariage. Il est donc tentant, à ce moment-là, de se terrer au plus profond d'une garde-robe et de ne plus en sortir.

J'exagère, me direz-vous. Si peu! En apparence, tout peut sembler normal; vous continuez à travailler, vous riez avec vos collègues, vous allez faire votre épicerie et vous entrez à la maison pour un repos bien mérité. C'est à ce moment que vous devez faire attention: la solitude peut vous entraîner dans des situations pas tellement drôles.

QUELQUES CAS VÉCUS

Lucille vient de vivre un divorce. Pas de grandes crises, rien de dramatique; son conjoint et elle ont découvert, voilà quelque temps, qu'ils ne s'aimaient plus et qu'il valait mieux pour les deux de se séparer et d'aller chacun son chemin.

Pour Lucille, cela signifiait un nouvel appartement au centre-ville, près de son travail et de toutes les commodités de la vie moderne. Après la banlieue, c'était tout un changement de décor, mais il était le bienvenu. À quarante ans, il s'agissait aussi de son premier appartement *à elle*. Une aventure extraordinaire, tout cet espace à décorer selon ses goûts et ses humeurs. Très rapidement, son nouveau domaine prit forme, et c'est avec plaisir qu'elle s'y retrouvait tous les soirs, après le travail. C'était son refuge, l'endroit où elle se sentait bien, en contrôle de la situation et des événements. Petit à petit, le soir après le travail, elle se mit à trouver des excuses pour ne pas aller flâner à une terrasse avec les autres, pour éviter d'aller au cinéma avec une copine; quant aux restaurants, c'était hors de question puisqu'elle suivait un régime amaigrissant!

En fait, Lucille n'était bien que chez elle, à l'abri. Elle avait découvert le refuge ultime, un lieu que personne ne lui ferait abandonner. Les week-ends étaient consacrés au ménage de son intérieur, afin que tout soit vraiment parfait; c'était l'excuse rêvée pour ne pas avoir à sortir.

De fil en aiguille, Lucille s'est mise à travailler à la maison — de nos jours, c'est facile de faire approuver ce genre de choses par la direction des entreprises. Lucille n'avait plus besoin de quitter son appartement, elle n'avait plus à affronter le monde extérieur, elle vivait tapie au creux de son refuge. Les visiteurs n'y étaient admis que de façon sporadique et pas trop longtemps. Elle sortait de moins en moins, jusqu'au jour où elle se rendit compte qu'elle n'avait pas quitté la maison depuis près d'un mois!

Ce fut le son de cloche. Lucille se rendit compte que quelque chose n'allait pas: elle tentait de fuir le monde extérieur, de cesser toute interaction, certaine que, de cette façon, toutes les souffrances lui seraient évitées et, surtout, que plus personne ne pourrait la chasser de chez elle.

Lucille consulta une psychologue pendant quelques mois pour faire le ménage dans sa vie; elle avait évité de justesse un des pièges les plus sournois de la solitude: la réclusion. Mais il en existe d'autres qui, bien qu'ils soient moins apparents, sont aussi dangereux.

Marjolaine, elle, a été abandonnée par celui qui avait été son mari pendant plus de vingt ans. Professionnel aujourd'hui reconnu, il ne trouvait plus d'intérêt auprès de Marjolaine qui, pourtant, lui avait permis de poursuivre ses études au début de leur union et l'avait soutenu pendant qu'il gravissait les échelons de sa profession. Le divorce fut désastreux pour elle sur le plan émotif, et très coûteux pour lui.

Financièrement, Marjolaine ne manquait de rien. Elle avait conservé la maison et la moitié de la fortune familiale, mais elle n'en profitait pas ou très peu. Elle se terrait à la maison, elle tournait en rond, n'osant pas sortir. Au fond, elle se demandait si elle avait le droit de vivre. Sa solitude lui pesait, mais elle considérait en quelque sorte qu'elle ne méritait pas mieux.

Marjolaine se sentait perdue dans la vie moderne où tout va vite. Elle n'avait pratiquement pas d'amis, les personnes qu'elle avait fréquentées pendant son mariage faisaient partie du cercle professionnel de son *ex* et les épouses de ces hommes avaient trop à faire pour la voir. Elle n'aimait pas la lecture, ne pratiquait aucun sport, n'avait aucun passe-temps. Petit à petit, Marjolaine se repliait sur elle-même et nourrissait son complexe d'infériorité; elle se sentait tellement *inadaptée*. Ce sont ses enfants qui, un jour, lui firent remarquer qu'elle ne sortait plus du tout; avec leur aide et leurs encouragements, elle recommença à voir des gens et à trouver des activités qui lui plaisaient.

INTIMITÉ VS EXTÉRIEUR

Dans ces deux exemples, comme on le remarquera, la solitude s'impose d'abord comme un refuge et, graduellement, elle devient un piège, voire une prison, dont il n'est pas facile de sortir.

Effectivement, après une séparation, toutes les raisons sont bonnes pour rester enfermée, pour exclure le monde extérieur de sa réalité. Toutefois, il faut aussi reconnaître que c'est là un processus insidieux, voire dangereux. Il faut arriver à faire la différence entre *être solitaire* et *souffrir de solitude*.

De fait, certaines personnes possèdent une nature solitaire; elles ont besoin de beaucoup d'espace, de se retrouver seules, que ce soit à la maison ou dans la nature. Vous connaissez probablement de ces gens qui préfèrent la lecture d'un livre à la compagnie de leurs semblables. Dans ces cas-là, la solitude ne leur pèse pas; lorsqu'ils éprouvent le besoin de voir des gens, ils sortent. C'est aussi simple que cela! C'est par choix et par goût personnel qu'ils ont décidé de vivre ainsi.

Souffrir de solitude, c'est très différent parce que ce n'est pas un choix personnel. C'est le résultat d'un échec ou de ce qui vous paraît l'être. On peut souffrir de solitude au beau milieu d'une foule; on peut même en souffrir lorsqu'on vit avec quelqu'un. Bref, souffrir de solitude, c'est être seule contre sa volonté; c'est aussi être seule parce qu'on s'imagine que personne ne veut de soi, qu'on est indigne de la présence de quelqu'un. Dans ce processus, il s'insère également un élément de peur, la peur de ne pas être à la hauteur, la peur d'être rejetée, d'être abandonnée — si on est seule, rien de cela ne peut bien sûr nous arriver.

TROUVER L'ÉQUILIBRE

Toutes sortes de causes peuvent mener à la solitude, à cette solitude malsaine qu'on ne désire pas vraiment — que personne ne peut réellement souhaiter vivre. Si vous croyez que cela peut vous arriver, n'hésitez pas à demander de l'aide: refusez l'isolement. Mais attention aussi de ne pas tomber dans le piège inverse, c'est-à-dire considérer que la compagnie de n'importe qui est préférable à la solitude. Comme je l'ai dit précédemment, il est également possible de se sentir bien seule au sein d'un couple.

Apprenez donc à vous ménager des instants de solitude, c'est excellent; mais ne laissez pas la solitude vous dicter la vie que vous devez mener.

ÉVITER QUE LES GENS NE FUIENT

Pour ne pas se sentir isolée, il faut, bien sûr, des gens autour de soi. Et peut-être avez-vous remarqué que, depuis un certain temps, vous avez perdu la majorité de vos amis. Au début, lorsque vous vous êtes retrouvée seule, tout allait bien: ils étaient attentifs, ils prenaient soin de vous. Mais, avec les semaines et les mois, leur attitude a changé, tant et si bien que vous croyez qu'ils vous fuient. C'est peut-être le cas.

La ou les raisons de ce changement d'attitude sont faciles à comprendre: vous êtes toujours la même! Après quelque temps, vous devriez pourtant avoir commencé à changer, sinon avoir carrément changé!

Il est donc temps que vous examiniez, à tête reposée, ce que vous êtes devenue. Avez-vous toujours le même genre de vie? Êtes-vous autonome? Avez-vous assumé le *deuil*? Est-ce que vous n'avez pas tendance à toujours jouer la carte de la *pauvre-femme-qui-a-été-abandonnée*?

En d'autres mots: est-il agréable de passer du temps avec vous, ou est-ce plutôt déprimant? Vous avez votre réponse, ne cherchez plus. Il est évident que vous minez le moral de ceux qui vous approchent et qu'ils ont décidé que c'en était assez. Peut-être n'avez-vous pas encore réussi à assumer cette nouvelle vie qui est la vôtre et qu'en raison de cela, vous avez tendance à déformer la réalité.

Chacun doit s'assumer, personne ne peut le faire pour l'autre. En ce sens, vous devez apprendre à fonctionner seule, à vous responsabiliser. Certes, tout ne sera pas toujours facile — cela, les amis le comprennent; mais il est impossible, aussi, que tout fonctionne toujours de travers — cela, les amis ne l'accepteront pas.

N'oubliez pas que communiquer avec des amis, c'est partager leur vécu, accepter que celui-ci ait une incidence sur notre vie. Il doit y avoir un équilibre entre les bons moments et les moments difficiles.

Vous reconnaissez-vous?

Observez-vous sans complaisance, écoutez-vous parler. Vous reconnaîtrez rapidement ces signes (très) clairs qui, avec le temps, lassent les personnes de votre entourage, même les mieux disposées envers vous.

Dites-vous:

• Ça ne va pas si mal que ça...
Ça peut aller mal, bien sûr, mais c'est impossible qu'il en soit ainsi tous les jours. Si c'est le cas, c'est que vous avez probablement tendance à vous apitoyer sur votre sort. Cela, à la longue, peut lasser votre entourage, voire inciter vos amis à croire que leur présence vous importune.

• Avant, je faisais...

Avant, c'était avant. On a accepté que vous traversiez une période difficile, on vous a probablement même offert le soutien dont vous aviez besoin. Mais vous ne pouvez tout de même pas être en crise pendant plus d'un an! Cessez de tout ramener au passé et vivez au présent.

• Je ne peux pas, c'est trop tôt...

Les gens de votre entourage vous adressent régulièrement des invitations que vous repoussez aussi régulièrement; ils vous invitent à partager leurs activités, mais vous refusez. Vous écartez même les sorties que vous proposent vos vieilles copines. *«Je ne peux pas, c'est trop tôt»*, dites-vous. Mais si vous ne faites rien, vous ne pourrez jamais... Vous pouvez bien attendre la retraite ou la fin du monde, cependant, rien n'oblige les gens de votre entourage à attendre avec vous...

• Ce n'est pas de ma faute...

Combien de fois ne l'a-t-on pas entendue celle-là! Tout ce que vous faites, tout ce que vous ressentez, tout ce que vous vivez, ce n'est pas de votre faute. Bien sûr, c'est tellement plus facile de refuser de prendre ses responsabilités! Toutefois, gardez bien à l'esprit que ce n'est pas de cette façon que vous réussirez à vous transformer.

• Si seulement il avait voulu...

Ce genre de phrases, vous ne vous en rendez peut-être pas compte, vous permet probablement de continuer à lui faire porter le blâme et à essayer de trouver le pourquoi et le comment d'une situation — votre relation — qui n'a pas fonctionné. Plutôt que de perdre ainsi inutilement du temps, cherchez donc à trouver pourquoi et comment vous n'arrivez pas à vous détacher des situations d'hier et à faire face à celles d'aujourd'hui...

• C'est de sa faute si je suis comme ça...

C'était (peut-être!) de sa faute lorsque vous étiez ensemble, soit! Mais maintenant que vous êtes seule, c'est votre responsabilité. Et il n'y a que vous pour décider de vivre selon ce qu'il exigeait ou de vivre ce que vous voulez vivre...

• Tout irait bien si seulement il...

Il, quoi? Il faisait vos quatre volontés? Il changeait d'habitudes? Réagissez, que diable! Il n'est plus là. Cessez de vivre avec son fantôme. Qu'est-ce que cela peut vous rapporter, sinon, en définitive, qu'éloigner les gens qui s'intéressent à vous et qui vous veulent du bien?

• C'est sans espoir...

C'est la vraie déprime! Il est plus que temps que vous vous preniez en main. Si c'est nécessaire, n'hésitez pas à consulter une psychologue — ça pourrait vous donner le coup de pouce dont vous avez besoin.

D'autres attitudes lassent aussi. Par exemple, êtes-vous de celles qui disent quelque chose en suggérant... son contraire? Vous dites que les choses vont bien, parce que vous savez que si vous vous plaignez, les gens vous fuiront... mais, en même temps, vous ne pouvez vous empêcher d'exprimer votre mécontentement face aux gens et aux choses et avez recours à ces petites phrases qui ont un effet dévastateur sur les autres, du genre: «*Non, ça va. Ne t'inquiète pas, c'est simplement que je ne me sens pas très bien en ce moment, c'est tout...*» ou: «*Oui... un de ces jours nous aurons l'occasion de sortir, mais pas maintenant...*», ou encore: «*Je sais que tu veux bien faire, mais tu ne sais pas comment...*».

De grâce, écoutez-vous! C'est vraiment à n'y rien comprendre. Voulez-vous sortir ou non? Cessez de ménager la chèvre et le chou. Décidez-vous!

Mettez aussi en pratique ces quelques conseils:

- Arrêtez de prétendre que vous ne ressentez rien ou que ça n'a pas d'importance.

- Considérez vos besoins honnêtement — mais sachez aussi qu'ils ne peuvent être comblés du jour au lendemain. Vous devez faire des efforts. Cela s'applique aussi dans vos relations avec les autres.

- Rappelez-vous que vos amis et vos relations n'ont aucune obligation d'être avec vous, pas plus d'ailleurs que vous n'en avez d'être avec eux. Mais pour que n'importe quelle relation soit profitable, chacun doit manifester une part de bonne volonté.

- Vous avez besoin d'être écoutée, mais, malgré votre situation, vous n'êtes pas la seule à vivre des choses. Les autres ont également besoin parfois de confier leurs états d'âme, leurs petits soucis. Ils ont besoin de quelqu'un «à l'écoute».

- Remettez les choses en perspective: oui, vous ressentez des sentiments parfois douloureux ou inconfortables, mais dites-vous tout de même que ce n'est pas la fin du monde!

SURMONTER LA DÉPRIME

Aussitôt après la séparation, comme nous l'avons déjà dit, les émotions se bousculent en nous. Sentiment d'échec et sentiment d'abandon, bien sûr, mais surtout, provoqué par ceux-là, le risque de dépression. La dépression, expliquée simplement, est un état où on se sent déprimée, où on se sent triste, incapable de bouger; où on éprouve de la difficulté à se concentrer ou à penser clairement; où l'appétit et le sommeil varient, augmentant ou diminuant de façon considérable et erratique; où on éprouve des sentiments d'isolement et de désespoir intenses, parfois accompagnés d'une baisse de vitalité significative, voire de tendances suicidaires. Les sentiments d'échec et d'abandon sont insidieux, puisqu'ils reportent sur nous la faute de choses dont nous ne sommes pas nécessairement responsables, mais dont nous avons à assumer les conséquences. Tous ces symptômes ne sont pas *obligatoires*, mais plus souvent qu'autrement, ils font boule de neige et si nous les ignorons, ils reviendront périodiquement.

Les femmes sont particulièrement susceptibles à la dépression; ce n'est pas une tare, c'est une réalité de la vie moderne. Il faut savoir de quoi il retourne, briser les barrières de la honte et, surtout, de l'ignorance, et agir pour le mieux. Votre santé mentale est d'une importance capitale, et c'est votre responsabilité d'y voir. Cela ne veut pas dire que vous deviez tout faire vous-même, sans l'aide de quiconque, mais vous devez prendre la décision de «consulter» — comme on dit communément — au besoin pour obtenir de l'aide et ainsi participer activement à votre processus de guérison.

Il est donc important de vérifier si vous souffrez d'une des formes de dépression. Certaines sont bénignes; elles indiquent un malaise auquel il faut réagir, quelque chose dans votre vie ou dans votre façon de penser qu'il faut changer. D'autres sont plus profondes, mais elles sont néanmoins saines, puisqu'elles peuvent se résoudre plus ou moins rapidement avec une volonté ferme de votre part et, parfois, certaines approches ou techniques. D'autres encore, plus graves, peuvent nécessiter l'intervention d'un professionnel en psychologie, voire en psychiatrie.

VOS RÉACTIONS: SAINES OU MALSAINES?

Pour simplifier un peu les choses, nous allons diviser la dépression en deux catégories: la dépression saine, que nous pouvons souvent régler nous-même, et la dépression malsaine, qui nécessite une aide professionnelle. N'oublions pas qu'une dépression saine, mais réprimée, conduit allègrement vers une dépression malsaine.

La dépression saine pourrait se résumer simplement par des sentiments réalistes de douleur, de tristesse et de déception; elle peut être accompagnée de sentiments de culpabilité, de colère et d'anxiété. Elle est causée par des expériences négatives comme un traumatisme, une perte, de la discrimination, une injustice ou un passé non résolu. Une personne affectée par ce type de dépression peut continuer à fonctionner de façon quasi normale, mais pas aussi bien qu'elle le pourrait. Elle peut aussi «se retirer», éprouver un besoin de solitude, pendant un laps de temps relativement court, deux ou trois jours au plus.

La dépression malsaine, elle, se définit comme une inhabileté à fonctionner dans un ou plusieurs domaines primaires comme le travail ou les relations avec les autres, à cause de la gravité des sentiments négatifs éprouvés. Ces sentiments peuvent être occasionnés par des changements biologiques, une vulnérabilité génétique ou un trop grand nombre de chocs psychologiques à répétition que nous n'arrivons pas à résoudre.

Comme nous le voyons, la différence la plus apparente réside dans l'habileté à fonctionner dans la vie de tous les jours; la différence la plus profonde, c'est que la dépression saine n'a pas de causes biologiques, comme un déséquilibre hormonal ou autre. Mais, encore une fois, attention, une dépression saine que nous ignorons peut conduire à la dépression malsaine et amener des problèmes physiques — et complexes. Oublions toutes les histoires d'horreur sur les antidépresseurs; il n'y a aucune honte à consulter un médecin qui prescrira une médication de ce type. De nos jours, ces médicaments sont beaucoup mieux connus et les dangers de la dépendance sont moindres, mais n'oublions pas que le bonheur en capsules n'existe tout simplement pas. Ces médications servent de palliatifs, elles nous aident à retrouver notre équilibre et nous permettent ainsi de faire des choix éclairés, sans avoir l'esprit embrumé par l'anxiété et le désespoir.

Voici quelques exemples d'actions ou de réactions, saines et malsaines:

La différence entre une réaction saine ou malsaine	
SAINE	**MALSAINE**
Ce vécu est basé sur des expériences réelles, vécues.	Ce vécu est basé sur la distorsion des faits, l'exagération, l'illusion, les fantasmes ou une mauvaise interprétation des faits.
Malgré des sentiments négatifs, nous pouvons «fonctionner».	Nous vivons une incapacité de fonctionner dans un ou plusieurs domaines de la vie courante; trop ou pas assez de sommeil; trop ou pas assez d'appétit. Une perte d'intérêt pour les gens, les activités et la sexualité, une perte de mémoire ou la difficulté à se concentrer.
Nous vivons des sentiments raisonnables de colère, d'anxiété, de tristesse ou de culpabilité, résultant d'une perte récente, d'un traumatisme ou provenant de pertes ou de traumatismes anciens non résolus.	Nous vivons une réaction disproportionnée à la suite d'une perte ou d'un traumatisme récent ou ancien, ou simplement nous leur accordons une trop grande importance. Nous devons garder à l'esprit que les catastrophes présentes ou passées sont le signe de pertes et de traumatismes à venir.

SAINE	MALSAINE
Nous ressentons un sentiment temporaire d'impuissance, mais sans tendance suicidaire.	Nous ressentons un sentiment profond d'impuissance et de désespoir et, dès lors, nous pouvons considérer le suicide comme une solution à la douleur.
Nous avons le sentiment d'avoir mal, mais nous alimentons l'espoir que la guérison est proche et possible.	Nous nous sentons trop brisées, ou trop mal, pour entrevoir une possibilité de guérison.
Les sentiments de dépréciation vont et viennent.	Les sentiments de dépréciation sont chroniques, tant et si bien que s'impose une absence totale d'estime de soi accompagnée d'une haine pour soi-même.

Si vous jugez que votre dépression est de nature malsaine — vous avez toujours suffisamment de jugement pour le faire — ou tend vers cet état, la première chose est de l'accepter et de ne pas croire que vous êtes *niaiseuse*, imbécile ou un être d'exception. Il arrive souvent qu'une petite dépression bénigne, à laquelle on ne porte pas vraiment attention, évolue et devienne un monstre. Si un rhume devient une bronchite ou une pneumonie, nous nous rendons tout simplement consulter un médecin sans en faire tout un plat. Pour la dépression, la réaction devrait être la même. Si vous décidez de faire le premier pas, la bataille sera peut-être longue et difficile mais, ayez confiance, vous en sortirez vainqueur: il existe plein de gens compétents qui ne vous jugeront pas et se feront un plaisir de vous aider.

THÉRAPIE... SANS THÉRAPEUTE!

Lorsque vous vous sentez déprimée, la meilleure thérapie est d'écrire ou de dessiner en exprimant vos sentiments. Lorsque vous les exprimez, ils deviennent plus palpables, plus réels. Vous les avez alors sous les yeux et vous devez «faire quelque chose».

Voici cinq étapes d'un petit programme qui vous aidera à exprimer vos sentiments et vos émotions; c'est quelque chose pour vous, juste pour vous...

- Écrivez et dessinez sur une même feuille, au gré de vos émotions et de vos fantaisies; ce n'est pas un concours de calligraphie, laissez-vous donc exprimer ce que vous ressentez.

- Conservez vos écrits et vos dessins (ou vos gribouillages) dans un endroit sûr — avoir peur que quelqu'un les voit sans votre approbation est la pire des choses. Plus encore, c'est à ce moment-là que vous commencerez à écrire pour la «galerie» et à faire attention à ce que vous révélez. Il faut le faire pour vous, puisque le but est de connaître tous les détails et les dessous de vos sentiments. Ce n'est pas un concours d'apparence: vous voulez savoir qui vous êtes, pas l'image que vous voulez que les autres aient de vous.

- Si vous désirez faire lire tous vos écrits ou une partie d'entre eux, attendez quelques heures avant de le faire; vous devez vous laisser le temps d'examiner ce que vous avez produit et permettre à d'autres idées, à d'autres images de surgir. N'oubliez jamais que vous faites cet exercice pour vous, et non pour les autres. Ne brisez pas la chaîne de vos pensées pour aller chercher une validation extérieure. Et lorsque vous décidez de faire lire vos pensées intimes, assurez-vous de bien choisir la personne avec laquelle vous allez les partager — cette ou ces personnes doivent être capables de les regarder objectivement, sans vous juger et sans vous critiquer. Il faut qu'elles tiennent compte de vos valeurs personnelles et qu'elles ne cherchent pas à vous imposer les leurs. De plus, elles doivent être capables de respecter votre vulnérabilité et ne pas tirer profit de la situation ou se servir de vos confidences pour vous manipuler par la suite.

• Si vous écrivez quelque chose qui fait porter le blâme sur quelqu'un, si vous réglez de vieux comptes avec qui que ce soit, si vous exprimez de la colère à l'endroit de quelqu'un, il vous faut résister à la tentation de le faire parvenir à l'intéressé sur-le-champ. Cette méthode de confrontation peut mener à une réouverture des hostilités ou à une bataille rangée qui annule vos progrès et vous ramène sur le champ de bataille. Il faut plutôt utiliser ces écrits pour comprendre et analyser vos sentiments, l'impact que ces personnes et leurs actions ont eu sur vous; examinez aussi votre façon d'exprimer votre violence. Le faites-vous à la manière d'un enfant de cinq ans, d'un adolescent ou d'un adulte? Est-ce que ces sentiments vous ramènent, dans le temps, à un âge où votre rage était moins contenue? Apprenez à vous connaître, c'est le but ultime d'écrire un journal.

Plus tard, lorsque vous aurez retrouvé votre calme, que vous serez en «contrôle», il sera toujours temps de réécrire ce que vous avez à dire, mais à partir d'une position de force, et non de faiblesse. Vous pourrez alors exprimer de façon non agressive vos récriminations, que cela soit par écrit ou de vive voix.

• Relisez votre journal périodiquement; vous serez surprise de votre évolution et de vos progrès; cela vous encouragera probablement à continuer, mais aussi à voir les choses dans une nouvelle perspective. Ultimement, ces lectures vous permettront de considérer ces événements avec du recul et de comprendre les leçons à tirer de vos expériences.

TECHNIQUE POUR METTRE UN TERME À L'ENNUI

Si votre vie vous paraît morne, que vous avez les *bleus* en permanence, que vous avez envie de demeurer au lit et, surtout, de ne pas vous lever — de ne jamais plus vous lever! —, cela peut se comprendre à l'occasion, mais toujours? C'est mauvais signe, très mauvais signe. Car, ce faisant, vous maintenez votre énergie à un niveau très bas (invivable!) et cela provoque immanquablement une perte d'intérêt et d'enthousiasme.

Ou vous avez toujours faim et vous mangez n'importe quoi en quantité industrielle ou vous n'avez absolument aucun appétit; ou vous dormez vingt heures en ligne ou vous souffrez d'insomnie. C'est tout un ou tout l'autre. Il n'y a plus d'équilibre. Bref, votre vie tourne en rond et c'est devenu une véritable corvée que de mettre un pied devant l'autre.

Ce n'est pas nécessairement la déprime, mais peut-être simplement l'ennui. Voici une technique en six étapes qui vous aidera à vous en sortir:

- Analysez votre situation: qu'est-ce qui vous ennuie dans votre vie? Qu'est-ce qui vous procure du plaisir? Dressez la liste de vos parents, amis, relations, collègues, activités, passe-temps et donnez une note à chacun. Par exemple, votre meilleure amie, celle avec laquelle vous ne vous ennuyez jamais, mérite 80 % ou 90 %, alors qu'un travail qui vous ennuie ou vous déprime ne peut recevoir que 10 %.

Une autre façon d'établir cette liste est de noter par écrit les activités auxquelles vous vous livrez pendant une semaine et d'ajouter à la suite de chacune d'elles l'état d'esprit dans lequel vous vous trouviez pendant l'avoir exercée ou après. Il ne vous faudra pas très longtemps pour prendre conscience de ce qui vous plaît et de ce qui vous déprime.

- L'étape suivante consiste à trouver et à analyser les raisons pour lesquelles certaines activités vous ennuient, vous donnent le cafard. Est-ce en rapport avec votre travail? avec vos collègues? Est-il possible que vos tâches ne correspondent plus à vos talents? Devriez-vous songer à un changement de carrière? Est-ce en rapport avec vos parents? avec vos amis? Examinez bien chaque aspect de ce qui vous ennuie ou vous déprime.

- Regardez maintenant de quelle façon vous pouvez effectuer les changements qui s'imposent. S'il s'agit de votre travail, vous pourriez peut-être rendre vos tâches plus intéressantes ou même envisager de changer d'emploi. S'il s'agit de vos amis, regardez ce qui a changé en eux ou en vous et qui a rendu ces relations déprimantes. Comment pouvez-vous y remédier? Peut-être pouvez-vous changer vos habitudes... Mais allez-y doucement, vos amis sont précieux et avant de rompre — oui! c'est parfois nécessaire —, regardez les solutions qui vous sont offertes.

- Il peut aussi se dissimuler un autre problème sous l'apathie. Manquez-vous d'assurance? Avez-vous peur d'échouer dans votre travail? dans vos relations? Avez-vous peur de vous engager avec un nouveau partenaire? Parfois, lorsqu'on a peur de souffrir, on peut décider, inconsciemment, de s'isoler et de ne pas sortir de la maison plutôt que de prendre le risque de se faire blesser de nouveau.

- Examinez votre passé. Quelles étaient les activités qui vous procuraient le plus de plaisir? Demandez-vous pourquoi vous avez cessé de les pratiquer. Parfois, on laisse de côté des activités au profit d'une relation de couple, parce que l'autre partenaire ne partage pas les mêmes intérêts. Maintenant que vous êtes seule, retournez un peu en arrière, histoire de voir si vous n'avez pas laissé tomber des choses qui manquent à votre équilibre et à votre bonheur.

• Enfin, lorsque vous avez déterminé certaines causes de votre ennui ou de votre déprime, agissez. Essayez d'aller de l'avant, évitez les gens qui vous dépriment, retrouvez les activités qui vous font plaisir. Prenez des risques, si petits soient-ils!

Et, surtout, évitez de retourner sous votre édredon, vous savez fort bien que ce n'est pas la solution!

Vaincre les *bleus* des grands jours!

Pas besoin de vous le dire, la période des fêtes ou des grands jours — anniversaires de naissance, vacances estivales, etc. - est pire lorsque vous êtes seule et que vous n'y êtes pas habituée. À peine les boutiques et les magasins ont-ils remisé les fantômes et les sorcières de l'Halloween qu'ils s'empressent de refaire leurs vitrines avec des arbres et des décorations de Noël rutilantes, de garnir les comptoirs de cadeaux extravagants et d'afficher des publicités montrant des couples heureux qui s'offrent des présents qui feraient déclarer faillite à n'importe quel individu le moindrement sain d'esprit!

De fait, même sans ces artifices, la période des fêtes est particulièrement difficile à traverser lorsque vous venez à peine de vous séparer de quelqu'un que vous aimiez et que, peut-être, vous aimez encore. Les annonces et les étalages vous rappellent inlassablement que personne ne pensera à vous offrir quelque chose de ridiculement cher ou de tout à fait inutile au cours des fêtes. Même la télévision conspire contre vous: quelle que soit la chaîne syntonisée, tout ce que vous pouvez regarder tourne autour de couples et de familles heureuses qui fêtent joyeusement, de retour d'enfants et de parents prodigues, ainsi que d'événements miraculeux qui arrivent à point pour résoudre tous les problèmes du monde. Vous êtes rivée à votre poste de télévision, vous recherchez le confort dans une boîte de biscuits ou de chocolats et vous pleurez toutes les larmes de votre corps.

Cela vous semble familier? Nous avons toutes connu ce genre de situation et nous savons pertinemment que la seule chose que nous y gagnerons, c'est plusieurs kilos en trop qui s'ajouteront à la liste de nos malheurs.

Ce n'est donc pas la solution à privilégier. Alors, que faire? N'importe quoi, sauf attendre et pleurer (devant la télé) sur son triste sort. Cela ne change rien à la situation et vous entraîne dans une dépression encore plus profonde. La période des fêtes est un temps de réjouissance, mais il n'existe aucune loi qui vous oblige à en jouir en couple. D'ailleurs, avant de vous morfondre, réfléchissez bien aux dernières fêtes que vous avez vécues. Était-ce si merveilleux que cela? Les statistiques démontrent clairement que le temps des fêtes est souvent un temps de crise pour les couples, pour les familles; les attentes ne sont pas toujours comblées, certaines chicanes de famille refont surface, les enfants ne sont pas toujours satisfaits de leurs présents, et quoi d'autre encore!

Lorsque nous souffrons de solitude, nous avons souvent tendance à idéaliser le passé. Jetez-y un coup d'œil réaliste. D'accord, fêter toute seule ce n'est pas l'idéal, mais vous n'avez que vous-même à satisfaire.

Voici quelques petites suggestions toutes simples pour vous aider à vaincre les *bleus* des fêtes:

• Enveloppez soigneusement les cadeaux que vous vous offrez. Ne les ouvrez pas tout de suite, ne vous en servez pas! Attendez Noël. Ces cadeaux sauront vous plaire, puisque vous les avez choisis vous-même!

• Si vous avez des enfants, ils risquent d'être particulièrement affectés pendant cette période. Faites un effort pour calmer leur chagrin. Si vous aviez l'habitude de décorer la maison à une date spécifique, changez celle-ci, avancez-la ou reculez-la d'un week-end. La température souvent ingrate vous permettra d'instaurer un après-midi ou deux de bricolage au cours desquels, avec vos enfants, vous construirez de nouvelles décorations. Changez les traditions aussi, créez-en de nouvelles.

• Visitez les magasins à rabais, vous y trouverez des décorations à bon compte qui changeront l'allure de votre arbre de Noël. Ce sont souvent de petits détails qui nous permettent d'aller de l'avant. Allez-y avec vos enfants, ils apprécieront le geste — ils ont besoin de célébrer, ils ont besoin de revenir à une certaine normalité, vous aussi d'ailleurs.

• Si vous êtes seule, vous avez le choix. Si les décorations vous ennuient, vous pouvez passer outre, personne ne pourra vous le reprocher. Si, au contraire, vous aimez décorer, faites-le et n'ayez pas peur d'en mettre. Lancez-vous dans une orgie de décorations victoriennes, de dentelles et de petits points. Il s'agit de votre intérieur. Vous pouvez aussi cuire des gâteaux et des biscuits que vous offrirez à vos parents et amis.

• Planifiez des vacances dans le sud — c'est un merveilleux cadeau à vous faire. Et vous serez surprise de voir combien de personnes seules le font chaque année. Pendant que votre entourage glisse sur les trottoirs enneigés, vous vous ferez dorer au soleil en buvant des boissons exotiques! Vous pouvez trouver des forfaits avantageux qui incluent transport, repas et hébergement. Dans cette atmosphère de vacances, il vous sera plus facile de faire la connaissance de personnes qui vivent le même genre de situation que vous.

• Planifiez une semaine de ski. Si vous aimez les sports d'hiver, c'est l'occasion rêvée pour en profiter. Il existe des forfaits du temps des fêtes et chaque station de ski organise ses propres fêtes — peut-être y rencontrerez-vous quelqu'un qui vous conviendra.

• Invitez quelques amis pour le réveillon. Vous n'êtes pas seule à... être seule à Noël ou au jour de l'An. Regardez autour de vous, plein de gens sont dans la même situation. C'est donc une excellente occasion d'inviter quelques personnes chez vous. Si votre appartement est trop petit, soyez créative: vous pouvez vous mettre à plusieurs et organiser un réveillon progressif: l'apéritif chez l'un, l'entrée chez l'autre, le plat principal ailleurs, et ainsi de suite. C'est très ingénieux, économique et cela permet à chacun et à chacune de jouer les hôtes à tour de rôle. Ça meuble aussi joyeusement une soirée.

• Retournez dans votre famille. C'est la période rêvée pour un retour aux sources. Retrouvez l'esprit de votre enfance, le temps d'avant cette douloureuse séparation peut vous aider à prendre conscience que la vie existait avant et qu'elle existera après.

• Allez visiter les malades. Vous croyez vivre quelque chose de difficile, pensez qu'il existe des gens beaucoup plus mal pris que vous ne l'êtes, trop de personnes oubliées. Passez quelques heures dans un centre d'hébergement ou dans un hôpital pour malades chroniques peut vous aider à changer d'attitude face à la vie. Renseignez-vous auprès de votre CLSC local; on y est toujours à la recherche de bénévoles.

• Offrez vos services à un organisme qui distribue des paniers de Noël. L'économie étant ce qu'elle est, il existe un grand besoin de volontaires pour préparer et distribuer ce type de service. Se sentir utile est une excellente thérapie lorsqu'on a les *bleus*. Cela vous permettra aussi de sortir de votre isolement et de rencontrer d'autres personnes.

• Ne refusez pas les invitations de votre famille ou de vos amis. Il est essentiel que vous sortiez, même si vous pensez que vous allez vous ennuyer. Habillez-vous avec soin et interdisez-vous de parler de vos malheurs pendant quelques heures.

• Une journée à la fois. C'est le conseil que l'on donne aux personnes souffrant de problèmes d'alcoolisme et de toxicomanie. Suivez leur exemple et prenez les choses un jour à la fois ou même une heure à la fois. Refusez de penser à votre solitude, à vos malheurs, pendant une heure. Cela vous permettra de vous rendre compte que la terre continue de tourner et que vous pouvez survivre!

Ces conseils ne sont qu'un point de départ, faites preuve d'imagination et de créativité.

Renseignez-vous aussi; il existe sûrement, dans votre entourage, des personnes seules qui voient le temps des fêtes approcher avec frayeur. Pourquoi ne pas vous réunir et décider d'en tirer le meilleur parti possible?

Bref, il existe une multitude de façons de vaincre le cafard des fêtes. Tout ce qu'il faut, c'est un peu de bonne volonté. Vous devez prendre la décision de ne pas succomber à la dépression, c'est le premier pas. Jetez un regard neuf sur votre façon de célébrer et apportez-y autant de changements qu'il vous plaira. Voyez des gens, sortez, fêtez, n'ayez pas peur de vous amuser.

DES ÉMOTIONS À EXPRIMER

À la déprime et à l'ennui, peuvent s'ajouter d'autres émotions, notamment l'agressivité, la rage, la colère. Mais à quoi servent donc ces émotions?

Précisons d'abord que, dès notre enfance, nous avons appris à réprimer ces émotions, à les refouler jusqu'à ce qu'elles nous étouffent littéralement ou jusqu'à ce qu'elles explosent sans crier gare lorsqu'une goutte d'eau fait déborder le vase.

Nous ressentons de l'agressivité lorsque quelqu'un ou quelque chose entre en conflit avec notre moi profond ou heurte notre espace vital. Au travail, ça peut être de la contrariété. Dans les cas extrêmes, ça peut être de l'abus — physique, sexuel ou émotif; néanmoins, la colère est en quelque sorte un signe de guérison, car elle est une expression de l'affirmation de soi et la négation à porter un blâme qui n'est pas nôtre. Devant de telles émotions, quatre *réponses* sont possibles:

- Accepter de ressentir une telle émotion et ensuite compter jusqu'à 10 pour faire baisser votre fureur.

- Réprimer vos émotions, refuser d'admettre que vous ressentez de la colère et transformer cet état en... ulcères d'estomac ou en maladie cardiaque.

- Utiliser votre agressivité pour focaliser vos énergies et vous en servir de façon constructive et créative.

- Faire une crise, sans vous soucier des conséquences.

En tant qu'adulte, nous avons appris à nous soucier des conséquences de nos actes et nous savons pertinemment qu'agir sous le coup de la colère ne règle rien. Par contre, certaines personnes se servent de ces émotions pour contrôler leur entourage; si elles n'arrivent pas à gagner une discussion par la persuasion, elles se mettent aussitôt en colère, utilisant ainsi leur rage pour avoir raison malgré tout — ce type de personnes est à éviter coûte que coûte. Car vivre dans ces conditions vous pousse à réprimer votre propre rage, et cela peut aller jusqu'à vous causer des problèmes de santé sérieux.

La façon la plus simple serait de prévenir sa colère, et c'est possible. Il existe une fenêtre de trois secondes entre l'abus et le début de votre réaction «physique». Lorsque vous ne vous sentez pas impliquée dans la colère de l'autre, il vous est possible de ne pas ressentir de colère. Par contre, si vous dépassez ces trois secondes, vous êtes cuit, vous allez ressentir un sentiment de colère ou d'agressivité et vous devez l'exprimer. C'est à ce moment que vous pouvez commencer à gérer votre agressivité.

- Allez sous la douche et parlez-vous à haute voix de ce qui vient de se produire, ce que vous avez ressenti et pourquoi vous le ressentez ainsi. Verbaliser est très important ici, parce que si vous vous contentez d'un monologue intérieur, cela équivaut à supprimer votre colère alors que vous devez l'exprimer.

- Vous n'avez pas à confronter la personne qui vous a mise en colère, c'est tout simplement inutile. Premièrement, cette personne ne vous entendra pas étant sous l'effet de sa propre rage; deuxièmement, vous risquez, sous l'effet de votre propre colère, d'envenimer les choses encore davantage. À quoi vous sert d'exprimer votre colère, si le résultat se solde par un coup de revolver ou de couteau? Vous aurez exprimé vos sentiments de rage envers votre agresseur, mais vous serez de toute évidence victime de nouveaux sévices et peut-être plus sérieux encore. Le prix est beaucoup trop élevé.

- Si vous regardez autour de vous, les gens qui expriment le plus leur rage ne la contrôlent jamais; on peut affirmer, au contraire, qu'ils se trouvent dans un cercle vicieux où leur rage se perpétue envers et contre tous.

• Lorsque vous êtes en contact avec des personnes qui vous mettent constamment hors de vous-même, il n'existe qu'une solution viable: les quitter. Vous n'arrive-rez pas à les transformer et vous ne pouvez pas vivre avec ce genre d'agressivité latente, toujours prête à exploser en vous. Il vaut beaucoup mieux vous éloigner et ne plus les revoir ou les revoir le moins possible s'il s'agit de membres de votre famille.

• Vous devez pouvoir reconnaître les signes annonciateurs d'une explosion de colère, comme une crampe d'estomac ou des pieds qui deviennent soudainement glacés. Ce type de réaction est beaucoup trop coûteuse sur le plan des relations, du travail, de votre vie. Vous devez cher-cher des solutions de remplacement à ces explosions; vous devez changer votre façon de penser, de voir les choses.

• Lorsque vous sentez que vous vous emportez, isolez-vous et passez votre rage sur un *punching bag*, un cous-sin sans valeur, allez courir autour du pâté de maisons, dansez à la corde, faites de l'exercice, faites n'importe quoi qui exige une dépense d'énergie importante!

Avec le temps, vous arriverez à gérer plus facilement votre agressivité et toute cette énergie vous servira à mieux vous assumer, à mieux composer avec les événements, plutôt que de lutter contre le monde entier.

Chapitre 5

Rebâtir votre vie avec vos enfants... et peut-être ceux d'un autre!

VOUS ÊTES SEULE... AVEC VOS ENFANTS!

Eh oui! Vous êtes libre! C'est du moins ce que vous a dit votre avocat en vous remettant les documents officialisant la séparation ou le divorce. Mais libre, ici, signifie en fait que vous devez rebâtir votre vie. Si vous avez des enfants et que vous en avez la garde, la situation mérite encore plus de réflexion.

Ne nous leurrons quand même pas, la situation est sérieuse et pas nécessairement facile, mais ce n'est pas pour autant une situation sans issue ou insoluble. Plein de femmes, avant vous, sans plus d'expérience que vous n'en avez, l'ont affrontée et surmontée. Il existe des façons de composer avec celle-ci et d'atteindre l'harmonie et l'équilibre. Vous devez simplement apprendre à éviter les écueils pour ne pas vous échouer sur le rivage.

Il faut bien garder à l'esprit que, quel que soit le degré d'indépendance apparent des enfants, ils sont entièrement dépendants de leurs parents pour leur survie dans la société. Ils sont aussi des miroirs reflétant ce que leurs parents sont, aussi bien sur le plan affectif que financier.

D'ailleurs, dans le processus du divorce, les enfants sont toujours les plus touchés. La raison en est très simple, c'est qu'ils subissent les conséquences de la situation, sans pour autant exercer un quelconque contrôle sur celle-ci, comme sur la décision qui est prise. Cependant, penser à continuer à vivre en couple pour leur éviter d'avoir à traverser un tel événement n'est évidemment pas la meilleure décision que vous puissiez prendre. La vie commune de deux adultes malheureux qui se détestent est plus dommageable que la séparation.

LA CULPABILITÉ

Comme il s'agit, pour les enfants, d'une question de survie, ils sont habituellement *traditionalistes* lorsqu'il est question de leurs parents. Pour eux, une séparation signifie l'écroulement de leur univers et l'émergence de sentiments d'instabilité et d'insécurité. Comme leur expérience de vie est limitée, il leur est difficile de juger des conséquences de cet événement de façon pratique. Tout ce qu'un enfant perçoit alors, c'est sa responsabilité. Comme adultes, nous savons pertinemment bien qu'il n'est pas responsable, mais ce n'est pas ce qui se déroule dans l'esprit de l'enfant. Chez lui, mille attitudes et mille comportements deviennent la cause du divorce de leurs parents: «*Je n'ai pas été assez fin, assez gentil...*», «*Je ne suis pas assez bon à l'école...*», «*C'est à cause de moi que mes parents se chicanent...*». Si seulement il avait fait le ménage de sa chambre, vous n'auriez pas divorcé; s'il avait été meilleur à l'école, son père ne l'aurait pas abandonné, croit l'enfant. Cela vous semble trivial? Pourtant, aux yeux d'un enfant, toutes ces affirmations sont sérieuses; il est intimement persuadé qu'il est la cause de votre divorce.

Ce qu'il vous faut donc, aujourd'hui, c'est vous rebâtir une nouvelle vie, une existence qui permettra à vos enfants de se sentir de nouveau en sécurité dans un environnement stable.

La première chose à faire lorsque vous vous retrouvez seule avec vos enfants, c'est de discuter ouvertement avec eux de la situation et de la dédramatiser. Ce n'est pas le temps d'exprimer toutes ces récriminations que vous pouvez nourrir à l'égard de votre *ex* et de pointer ses manquements et ses fautes. Agir de cette façon ne servirait qu'à troubler votre quiétude et celle de vos enfants, et à miner vos chances d'harmonie.

Vous devez aussi rassurer le plus possible les enfants au sujet des sentiments que vous leur portez et des sentiments que votre *ex* a toujours pour eux. Bien sûr, cela risque de ne pas être facile, mais vous n'avez pas à le canoniser, vous n'avez qu'à assurer vos enfants que leur père les aime toujours et que le divorce n'est surtout pas de leur faute.

LA RESPONSABILITÉ

Il est également primordial que vous mainteniez une certaine discipline; de nature, les enfants sont manipulateurs et ils essaieront de tirer profit de la situation, de vos hésitations et même de cette culpabilité que vous pouvez parfois ressentir. N'entrez surtout pas dans ce jeu: ce n'est pas parce qu'ils ont du chagrin qu'ils peuvent rater l'école ou regarder le film de minuit à la télé! Si vous commencez à devenir trop permissive, cela n'aura plus de fin et vous perdrez rapidement le contrôle de la situation. Votre vie risque alors de devenir un véritable enfer!

Dernière mise en garde: ne cherchez pas à «acheter» l'obéissance ou l'approbation de vos enfants en leur offrant tout ce qu'ils demandent. D'une part, ils imagineront que vous les gâtez autant parce que la situation est plus grave que vous ne voulez l'admettre; d'autre part, ce faisant, vous fausserez le système de valeurs des enfants — voulez-vous vraiment qu'ils croient que tout s'achète avec de l'argent et qu'un cadeau peut remplacer la chaleur d'un foyer? Agissez donc avec prudence et prodiguez le plus d'amour possible à vos enfants, c'est encore le meilleur avis qu'on puisse vous donner.

Voici toutefois quelques conseils pratiques qui devraient vous inspirer l'attitude à adopter, tout en vous permettant de minimiser l'impact de votre divorce sur vos enfants:

• Expliquez clairement que votre divorce est irrévocable, mais n'entrez pas dans les détails. Vous n'avez pas à vous justifier devant les enfants — c'est vous l'adulte, c'est vous qui devez prendre les décisions, au mieux de votre connaissance. Les enfants n'ont pas, non plus, à connaître les détails de votre relation avec votre conjoint. Si vous gardez la tête froide et le contrôle de la situation, ils respecteront votre décision; si vous commencez à vous justifier, à blâmer l'autre, et ainsi de suite, vous ouvrirez la porte à des commentaires ou à des crises de leur part, et vous pourriez en payer chèrement le prix. Retenez surtout que le divorce est une décision d'adultes; faites donc en sorte de ne pas en faire porter le poids à vos enfants.

• Évitez d'impliquer vos enfants dans les mésententes ou les discussions avec votre *ex*. Évitez également de blâmer votre ex-conjoint pour tous les maux de la terre. N'essayez pas de faire pencher constamment la balance en votre faveur en montant les enfants contre leur père.

• Ne jouez pas le rôle de la pauvre victime devant eux. D'une part, vos enfants ne peuvent pas vous *sauver* et, d'autre part, vous risquez de leur mettre sur les épaules un poids qu'ils ne sont pas en mesure de porter. Enfin, agir ainsi peut aussi être à double tranchant, puisqu'ils douteront que vous soyez assez forte pour les soutenir.

• Ne vous servez pas de vos enfants comme moyen de pression pour obtenir ce que vous désirez de votre *ex*.

• Ne tenez surtout pas rigueur à vos enfants lorsque, de retour de chez l'«autre», ils sont débordants de joie et vous narrent les choses fantastiques qu'ils ont faites. Seriez-vous plus satisfaite s'ils étaient malheureux?

• Rassurez-les quant à l'amour que vous leur portez et, dans la mesure du possible, de l'amour que leur porte leur père. Il faut qu'ils se sentent en sécurité. Par contre, ne vous laissez pas manipuler par du chantage émotif —

vous n'avez pas à en donner la preuve par des permissions ou des cadeaux supplémentaires.

- N'entrez pas dans le jeu du concours de popularité entre les parents. C'est pernicieux et tout à fait inutile. De la même façon, ne tentez pas d'acheter leurs faveurs — leur amour ou leur affection — par des cadeaux extravagants. Ça ne fonctionne pas vraiment et vous allez tout simplement créer, chez eux, des habitudes néfastes.

- N'abdiquez pas de vos responsabilités sur les plans de l'éducation et de la discipline sous prétexte qu'ils ont subi un choc. Évitez cependant que d'autres — votre nouveau partenaire ou des gens de votre entourage — disciplinent vos enfants à votre place.

- Ne prenez pas vos enfants pour des thérapeutes en leur racontant tout ce qui va mal dans votre vie; ils n'ont vraiment pas besoin de cela. Au contraire, ils ont besoin que *vous* les écoutiez: ils ont des craintes, des incertitudes, des doutes, des questions à exprimer. Soyez présente non seulement de corps, mais aussi d'esprit.

- Discutez ouvertement avec eux de votre nouvelle vie; faites des projets ensemble, pour la décoration de l'appartement ou de la maison, pour les vacances. Faites-les participer dans la prise de décision, mais en vous réservant tout de même la décision finale.

PRÉSERVER SON INTIMITÉ

Toutes les femmes qui ont des enfants comprennent l'importance (mais aussi la difficulté!) de conserver une certaine intimité, particulièrement en ce qui touche notre chambre à coucher.

Les femmes qui vivent seules sont particulièrement vulnérables sur ce point, puisqu'elles laissent souvent leurs enfants les rejoindre dans leur lit — ce que tous les enfants adorent d'ailleurs faire! Pour elles, ce sont de petits moments privilégiés qu'elles partagent avec les seuls êtres qui comptent vraiment dans leur vie, aussi jamais ne pourraient-elles imaginer leur refuser cette permission.

Cependant, en agissant ainsi, la mère n'a pas à l'esprit que cette situation pourrait devenir problématique. Un jour, elle pourrait redevenir amoureuse. Il faudrait alors changer les règles et interdire dorénavant aux enfants de la rejoindre dans son lit à n'importe quel moment — au risque qu'elle se fasse surprendre dans des situations pour le moins inconfortables.

Or dire à un enfant qu'il ne peut plus, désormais, rejoindre maman dans son grand lit tout chaud parce qu'elle le partage avec quelqu'un d'autre peut être source de conflit. Sans compter que l'enfant fera nécessairement la relation entre cette nouvelle interdiction et l'arrivée d'un nouvel homme dans votre vie; cela ne favorisera certainement pas le développement de relations harmonieuses entre l'un et l'autre. Mettez-vous à la place de l'enfant: un «intrus» lui vole un privilège et, en plus, il devrait apprendre à l'aimer! Admettons que même un adulte aurait de la difficulté à accepter une telle situation!

C'est la raison pour laquelle, aussitôt après un divorce ou une séparation, il faut essayer de conserver une certaine intimité, tout au moins dans sa chambre à coucher.

LE RESPECT

Dès le départ, il est donc préférable (et conseillé) d'éviter de laisser les enfants venir vous rejoindre pour un oui ou un non dans votre lit. Vous devez leur apprendre à respecter l'intimité de votre chambre à coucher et leur expliquer qu'ils ne doivent pas entrer dans votre chambre sans frapper à la porte. Cela ne vous empêchera pas de leur donner la permission de venir vous trouver à l'occasion, mais pas à n'importe quel moment ni pour n'importe quelle raison. En ce sens, vous devez inculquer à votre ou à vos enfants l'importance du respect de l'intimité.

Il n'est probablement pas inutile, non plus, de leur expliquer que les échanges affectueux entre deux personnes — baisers, caresses, etc. — sont une manifestation d'amour et qu'en conséquence, ils ne doivent pas s'inquiéter (ah! ces appartements modernes!) des bruits qui peuvent venir de la chambre à coucher. Ils comprendront que, comme dans les films d'amour, vous avez un comportement normal.

Toutefois, si, une nuit où vous avez justement invité votre amant ou votre nouvel ami à passer la nuit chez vous, un enfant se lève pour un mal de dent ou un verre d'eau et vous surprend dans les bras d'un homme qu'il ne connaît pas, ne paniquez surtout pas. Vous devez simplement lui donner une explication.

Que pouvez-vous lui dire et, surtout, comment pouvez-vous lui expliquer ce qui se passe? Eh bien, en lui disant la vérité, simplement! Vous n'avez pas à entrer dans les détails, bien sûr! Expliquez-lui votre relation avec votre ami et dites-lui que vous aviez envie d'être ensemble. Surtout, ne lui faites pas sentir qu'il vous dérange, car il se sentirait rejeté; invitez-le à s'asseoir quelques minutes avec vous, peut-être vous posera-t-il beaucoup de questions, mais répondez-y le plus honnêtement possible. S'il se sent gêné, mal à l'aise, ne vous inquiétez pas outre mesure car vous trouverez sûrement d'autres moments pour en parler avec lui.

D'autres situations peuvent être encore plus gênantes, par exemple si votre enfant vous surprend en train de faire l'amour. Que faire alors?

Le plus important est de dédramatiser cette situation quelque peu embarrassante; vous pouvez aller recoucher votre enfant en lui expliquant que vous aimez beaucoup ce monsieur et que vous vous faites des caresses qui vous font plaisir à tous les deux.

Quel que soit l'âge de l'enfant, vous devez lui expliquer le plus clairement possible ce que vous faisiez. Votre enfant ne doit pas rester inquiet à propos de ce qu'il a vu, car il a pu mal interpréter les gémissements ou les bruits qui venaient de votre chambre à coucher. Vous devez choisir de lui parler, de lui expliquer que faire l'amour est une belle chose de la vie, que c'est une preuve d'amour. Tout cela, bien entendu, dans des mots qu'il peut comprendre.

LA SOLUTION IDÉALE

Naturellement, il serait plus simple de pouvoir présenter à l'enfant l'homme avec qui vous avez une nouvelle relation avant d'être surprise en «mauvaise posture». Vous pourriez, par exemple, l'inviter à souper ou amener les enfants faire une activité avec lui. Il pourrait venir à la maison à quelques reprises et repartir après la soirée; vous pourriez aussi aller chez lui. Ainsi, l'enfant serait mieux préparé à le trouver à la table au petit déjeuner.

Ce faisant, vous vous éviterez aussi certains désagréments et, à vos enfants, une surprise qu'ils ne sont peut-être pas prêts à assumer, particulièrement si vous vivez seule avec eux depuis longtemps — ils se sont naturellement habitués à toujours vous avoir pour eux tout seuls. Ce sera à vous de leur dire et de leur démontrer que vous êtes toujours aussi disponible pour eux, que vous les aimez tout autant, même si vous avez un nouvel amour dans votre vie.

Retenez que vous ne devez pas vous empêcher de vivre une relation amoureuse à cause des enfants, parce que plus vous serez heureuse dans tous les domaines de votre vie, plus vous pourrez rendre vos enfants heureux.

Vous devez aussi comprendre que les enfants ont une grande facilité d'adaptation et que si vous prenez le temps de bien les préparer aux changements, quels qu'ils soient, leur adaptation se fera sans difficulté. Il ne faut pas croire qu'ils ne peuvent pas comprendre, même s'ils sont très jeunes. C'est simplement à nous d'agir de façon que cela se fasse dans les meilleures conditions possibles.

VOUS VIVEZ AVEC UN AUTRE... ET AVEC SES ENFANTS!

Vous renouez avec l'amour, avec le bonheur aussi. Vous avez décidé de partager votre quotidien avec votre nouveau conjoint: une maison (ou un appartement), les petits repas, les petites «douceurs»... Tout va bien. Tout? Et les enfants?

Bien sûr, vos enfants l'apprécient et le voient avec plaisir, tandis que les siens, que vous avez rencontrés à quelques reprises, vous manifestent une sympathie non dissimulée. C'est pourtant eux — vos enfants et les siens — qui vous faisaient hésiter. Ces craintes estompées, vous avez pris la décision de partager votre vie avec cet homme qui vous comble. Qui donc pourrait vous en blâmer?

Tout devrait donc fonctionner à merveille et, pourtant, à l'instant où vous parlez de votre intention de faire vie commune, vous sentez des réserves, vous entendez des critiques plus ou moins justifiées à l'égard de celui qui, il y a peu de temps, était considéré comme l'homme idéal pour vous.

Qu'à cela ne tienne, vous rassurez tout le monde et foncez vers l'avenir. Avec raison d'ailleurs.

DE LA VISITE AU QUOTIDIEN

Au moment où vous vous installez ensemble, la lune de miel avec les enfants, les vôtres comme les siens, prend fin tout à coup. Ils se transforment en véritables monstres des abysses;

du jour au lendemain, ils deviennent insupportables, refusent de faire les travaux qu'ils accomplissaient jusque-là; ils critiquent tout et donnent des avis... contradictoires sur le même sujet. Bref, vous ne savez plus où donner de la tête.

Que se passe-t-il? Où sont *vos* enfants? Que sont devenus les siens? Ont-ils été enlevés et remplacés par des gobelins ou sont-ils tout à coup sous l'influence d'une drogue nouvelle? N'ayez crainte, ce n'est rien de cela. C'est simplement qu'ils cherchent, les uns comme les autres, à s'affirmer afin de ne pas perdre la place qui est la leur. Certes, tout cela est nouveau pour vous, mais c'est vous qui avez pris la décision et vous savez en toute conscience dans quoi vous vous engagez. C'est aussi nouveau pour eux, mais ils ressentent en quelque sorte une certaine forme d'impuissance. Ils ont peur de se faire abandonner: qu'est-ce qui leur arriverait si vous décidiez, votre nouveau conjoint et vous, de refaire votre vie sans eux? Tant qu'il était «de la visite» — ou que vous l'étiez pour les siens —, cela restait au niveau de l'acceptable, mais maintenant que vous êtes ensemble pour de bon, les enfants peuvent être un peu confus. Il faut comprendre: il y a trop d'inconnues dans l'équation qu'ils vivent.

DES QUESTIONS INQUIÉTANTES

Quel sera le rôle de cet homme? Est-ce que vous avez l'intention de lui faire jouer le rôle du père? Et vous, que voulez-vous devenir? Subitement, vos enfants se trouvent dans une impasse, pris entre leur loyauté à votre égard et celle qu'ils ressentent envers leur père absent. Et les enfants de votre nouveau conjoint réagissent exactement de la même façon. Il y a plus encore, vos enfants peuvent craindre de vous voir souffrir si cet homme venait à vous abandonner; les siens peuvent se méfier de vous, ne sachant pas si vous ne réservez pas un mauvais sort à leur père.

Les uns comme les autres se demandent aussi, sans doute, si votre relation va durer et s'il vaut le coup, pour eux, qu'ils s'engagent au risque de sortir écorchés si la situation tournait mal.

Ce ne sont que quelques-unes des interrogations qui leur trottent dans la tête, il y en a probablement bien d'autres...

Tout cela doit donc vous inciter à agir avec circonspection et prudence afin de ne pas brusquer les choses. Ainsi, avant que vous fassiez vie commune avec votre nouveau partenaire, parlez-en avec vos enfants, non pas pour leur demander leur «permission», mais pour connaître leurs sentiments et, surtout, pour mettre les choses au clair. Discutez avec eux du rôle de votre nouveau partenaire et rassurez-les quant à leurs craintes. Votre nouveau partenaire et vous, chacun de son côté, devez préciser à vos enfants que l'«autre» n'est pas là pour remplacer le parent manquant — c'est souvent ce qu'ils craignent le plus, que vous ne les obligiez à offrir à ce nouveau parent l'amour qu'ils ont réservé, jusque-là, au conjoint dont vous êtes séparée.

Pendant les premières semaines, voire les premiers mois, vous ne tarderez pas à vous apercevoir que les sentiments des enfants sont probablement le plus grand écueil auquel votre nouveau partenaire et vous devrez faire face; les enfants, les vôtres comme les siens, vous mettront à l'épreuve. Ce sera à vous d'agir avec détermination, tout en faisant preuve d'une certaine tolérance. N'oubliez pas que c'est vous qui êtes les parents et que vous devez garder la maîtrise de la situation.

Gardez tout de même à l'esprit qu'il faut du temps pour que chacun puisse s'adapter et trouver sa place et son rôle dans cette nouvelle cellule familiale; si chacun y met une part de bonne volonté, les obstacles s'aplaniront et tous goûteront à ce nouveau bonheur.

LES AVANTAGES ET LES INCONVÉNIENTS DE LA FAMILLE RECOMPOSÉE

Cela dit, les familles recomposées sont de plus en plus courantes, tellement, en fait, qu'on pourrait croire qu'elles sont devenues la norme.

Pourtant, tous autant que nous sommes, nous avons comme modèle la famille nucléaire traditionnelle; or les caractéristiques de celle-ci ne correspondent pas aux caractéristiques de la famille recomposée et tenter de faire entrer cette dernière dans le moule traditionnel est non seulement irréaliste, mais impossible.

Il faut se rendre à l'évidence: notre concept de la famille doit s'étendre; la famille qui comprend un père, une mère et un ou deux enfants n'est plus le modèle le plus répandu. La famille recomposée est en voie de s'imposer comme le «nouveau» modèle de référence. Or rien ne nous permet aujourd'hui de le comprendre pour être en mesure de le vivre au quotidien, de nous y adapter sans difficulté. Voici ses principales caractéristiques:

- *La famille recomposée possède une structure complexe.* Comme elle est composée d'un plus grand nombre de personnes, les possibilités d'interactions, entre les membres de ce type de famille sont beaucoup plus nombreuses. En conséquence, comme les responsabilités et les rôles sont moins bien définis, tout au moins au début, la structure a tendance à se transformer avec le temps. La présence ou l'absence de l'autre ou des autres conjoints a aussi son influence sur le plan de la structure de cette famille.

- *Voici les sept caractéristiques de la famille recomposée:*

a) Sa formation est précédée de plusieurs changements majeurs;

b) Elle est composée d'individus qui se connaissent peu ou pas du tout;

c) Les adultes et les enfants qui la composent ont chacun des attentes différentes, provenant de leurs expériences familiales antérieures;

d) La relation entre les enfants et les parents date parfois d'avant la formation de cette nouvelle famille;

e) Certains des parents biologiques habitent ailleurs;

f) Les enfants font souvent partie de deux familles différentes à la fois;

g) Le degré de responsabilité du nouveau parent est confus et souvent ambigu sur les plans financier et légal.

• *Le niveau de stress y est plus élevé.* Il ne s'agit pas essentiellement d'un stress négatif, mais les structures et les caractéristiques fondamentales de ce type de famille l'éloignent du mythe culturel de la famille idéale.

• *La véritable intégration prend des années à se faire.* L'âge et le sexe des enfants impliqués jouent dans le temps d'intégration, ainsi que la durée de séjour de ceux-ci.

• *C'est un milieu en constante transition.* Les frontières d'une telle famille se doivent d'être souples et perméables, même lorsque les enfants sont partis de la maison. Imaginez les quiproquos au moment de fêtes spéciales ou d'anniversaires pour lesquels les couples ont quatre familles à contenter!

• *La cohésion y est moindre.* Si on examine les premiers énoncés ainsi que les caractéristiques de cette famille, c'est assez facile à comprendre.

• *Les attentes sont souvent irréalistes.* Ce phénomène est le résultat du peu d'information qu'on trouve sur ce type de famille. Nous vivons encore avec le modèle de la famille nucléaire comme idéal et ce type s'apparente mal à celui de la famille recréée.

- *Il n'existe pas de modèle d'interaction.* Tous les liens entre les membres de cette nouvelle structure ont en quelque sorte été provoqués par un «drame» plus ou moins difficile — c'est ce qui a permis leur réunion. Beaucoup de travail est donc nécessaire afin de créer des interactions répétitives, desquelles découlera un sentiment de sécurité.

- *Les acquis sont parfois absents.* Les habitudes des autres membres de la famille étant inconnues, tous sont plus conscients de leurs manies personnelles et de celles des autres, et cela contribue à créer un environnement «bizarre», du moins les premiers temps.

- *Il n'existe pas d'histoire familiale commune.* Comme sa création est récente, il n'existe pratiquement pas de circonstances ou d'anecdotes sur ce groupe d'individus. Il est important que tous partagent leur histoire personnelle et s'appliquent à créer des événements célébrant cette nouvelle famille.

- *Les fondations sont précaires.* Les relations au sein d'une famille recomposée sont tout d'abord mesurées par l'«ici et maintenant»; elles ne sont pas fondées sur les liens du sang ou les années vécues ensemble. Le secret d'une bonne relation implique donc l'apprentissage du langage de l'autre ou des autres participants.

- *Il existe des conflits de loyauté.* Bien qu'il existe des conflits de loyauté au sein des familles traditionnelles, ceux qui surviennent dans les familles recomposées sont souvent plus aigus et plus difficiles à régler, ne serait-ce qu'à cause du nombre de foyers en cause.

- *Les rôles traditionnels sont remis en question.* On peut toutefois affirmer ici que cette ambiguïté sur les rôles constitue un aspect positif, puisqu'elle permet aux parents de jouer une variété de rôles avec chacun des enfants.

En définitive, on peut affirmer que les familles recomposées sont beaucoup moins rigides que les familles traditionnelles de type nucléaire. Par contre, certains efforts doivent être faits afin de créer un environnement familial satisfaisant pour tous ses membres. Ces tâches sont les suivantes:

- Accepter et intégrer les changements et les pertes qui lui ont donné naissance;

- Voir aux besoins différents de chacun des membres du groupe, en ce qui a trait au développement et à la croissance;

- Créer de nouvelles «traditions»;

- Développer des liens forts sur le plan du couple;

- Établir une coalition parentale, incluant si possible les parents absents;

- Prendre le risque de vivre un peu en dehors des normes établies.

Comme on peut s'y attendre, ce n'est pas toujours facile; les facteurs déterminants seront les suivants:

- *Qui détient le pouvoir?* C'est la question primordiale. La façon la plus simple de régler ce problème est d'y aller carrément: vos enfants sont votre responsabilité et ses enfants sont la sienne. Comme point de départ, cela suffit; le reste s'enchaînera.

- *Les attentes irréalistes.* Vous ne pourrez créer une cellule familiale instantanément, cela exige du temps et de l'énergie. Comptez un minimum d'un an pour vous sentir moins dépaysée et deux ans pour vous sentir à l'aise.

- *Les conflits de loyauté.* Ils existeront toujours — ils existent même dans la famille traditionnelle. Vous pouvez les minimiser en montrant un front uni devant les enfants et en refusant d'être manipulée.

Guide de survie pour femme avertie!

Allez-y doucement.
Vous n'arriverez pas à refaire une famille en quelques jours. Vous avez tous besoin de temps pour apprendre à vous connaître — chacun a son propre rythme pour apprivoiser les autres et se laisser approcher. Respectez chacune des personnes, adultes et enfants, qui forment cette nouvelle cellule familiale.

Prenez le temps d'écouter.
Même si vous redécouvrez l'amour, n'oubliez pas que si vous avez des adolescents, ils traversent une période «critique»; ils sont plus sensibles et, malgré leur apparent détachement, ils ont besoin d'attention et d'écoute.

Ne soyez pas condescendante.
Évitez toute condescendance, que ce soit envers vos enfants ou les siens; ce n'est pas parce qu'ils sont jeunes qu'ils sont idiots.

Dialoguez ensemble.
Votre partenaire, vos enfants, les siens et vous discutez ouvertement, mais aussi séparément. C'est la meilleure façon de gagner leur confiance et de les amener à exprimer ce qu'ils pensent, ce qu'ils ressentent. Lorsque vous êtes en groupe, assurez-vous cependant que chacun a l'occasion de s'exprimer sans être interrompu.

Mettez-vous à leur place.

Leur univers a été bouleversé par un divorce et voilà qu'ils font partie d'une nouvelle famille. Le pire, pour les enfants, c'est le sentiment d'impuissance qu'ils ressentent face à une situation qui est, en définitive, hors de leur contrôle.

Soyez prête à sacrifier une partie de votre intimité avec votre partenaire.

La vie familiale, surtout lorsqu'on décide de refaire sa vie et qu'on a des enfants, est très différente de la première fois. Vous n'êtes plus seuls au monde et vous n'avez même pas neuf mois pour vous faire à l'idée d'avoir un enfant — vous en avez plusieurs!

Tenez votre rôle, vous et lui.

Ne disciplinez pas ses enfants et n'abdiquez pas votre autorité sur les vôtres. Pour le meilleur comme pour le pire, vos enfants sont sous *votre* responsabilité et *il* est responsable des siens. Vous pouvez prendre, ensemble, des décisions pour la famille.

Ne tentez pas de remplacer leur mère.

Vous pouvez être leur amie, mais vous ne pouvez pas prendre la place de leur mère. Ne lui demandez pas de jouer le rôle du père auprès de vos enfants — c'est impossible et dangereux pour tous.

Dressez une liste de règles.

Rien n'est pire, pour les enfants, que le manque de directives. Ils doivent connaître les limites dans lesquelles ils peuvent et doivent fonctionner. D'autre part, c'est aussi quelque chose de très sécurisant pour eux que de savoir que vous tenez suffisamment à eux pour prendre le temps de produire ce type de règlement.

Ne critiquez pas vos ex-conjoints.

Critiquer son *ex* devant les enfants, c'est la façon la plus sûre de créer des problèmes. Ils s'imagineront facilement ce que vous pourriez dire de leur père, ultérieurement, et pourraient se mettre tout de go à vous détester.

Chapitre 6

Profiter d'une nouvelle vie

Vous en avez marre de pleurer sur votre triste sort, de trouver que vous faites pitié? Vos amis ne savent plus quoi vous dire lorsque vous leur téléphonez pour la vingtième fois au cours de la même fin de semaine? Cessez de geindre: c'est le temps d'agir, de découvrir ou de redécouvrir les plaisirs de la liberté — parce que vous êtes libre. Simplement, vous en avez perdu l'habitude.

Plutôt que de mettre toutes vos énergies à vous plaindre de votre condition ou à chercher le nouvel homme de vos rêves, servez-vous de cette énergie pour découvrir qui vous êtes, ce que vous aimez, la façon de vivre qui vous convient le mieux. Ce n'est pas toujours rose d'être seule, mais ça ne veut pas dire que ce soit toujours l'enfer. Rappelez-vous un instant toutes les choses — toute la liberté — que vous avez regrettées (avouez-le!) pendant que vous faisiez vie commune et que votre partenaire s'imposait en censeur.

Il n'est plus là, revenez à ces pensées. Souvenez-vous de tout ce à quoi vous avez rêvé, parfois ouvertement, parfois secrètement...

LA LIBERTÉ D'ÊTRE... SOI-MÊME!

Bien sûr, le train-train quotidien et les petites habitudes de tous les jours vous ont souvent agacée, mais il n'empêche que de se retrouver libre peut être un peu insécurisant, surtout les premiers temps.

Dites-vous que vous avez un avantage que la majorité de vos copines, qui vivent en couple, ne possèdent pas et que vous n'aviez d'ailleurs pas, vous non plus, lorsque vous viviez avec quelqu'un: vous pouvez faire ce qui vous plaît en tout temps.

Attardez-vous aux petits détails! Par exemple, vous pouvez prendre toute la place dans votre lit et dormir avec douze oreillers si cela vous chante. Vous pouvez dormir avec vos bas de laine pour ne pas avoir froid aux pieds et porter les plus affreux — mais tellement confortables! — pyjamas sans que personne ne vous regarde de travers et vous dise que vous n'avez pas l'air tellement *sexy*. Vous avez le monopole de la télécommande de votre télé! Vous pouvez manger de la pizza froide le matin sans risquer de vous faire voler la dernière pointe et, surtout, sans vous attirer les critiques santé de votre *ex* pour qui, bien sûr, vitamines, protéines et petits mélanges étaient le *nec plus ultra* de la vie moderne!

Vous n'avez plus à craindre de tomber dans la toilette parce que *monsieur* avait oublié de redescendre le siège; fini, aussi, de vous asseoir sur un siège mouillé qui n'avait pas été relevé... Vous n'avez pas à cacher la robe extravagante (dont le prix l'est encore plus!) que vous venez d'acheter ni à vous justifier pour cet achat.

Vous pouvez...

Vous pouvez faire ce que vous voulez, quoi!

NE PLUS PENSER À VOTRE *EX*

Dès le départ, vous devez chasser votre *ex* de votre esprit. Il ne fait plus partie de votre vie, alors éliminez-le — carrément. Cessez de tourner en rond. Reléguez votre album de noces aux oubliettes (le fond d'une garde-robe fera l'affaire); exorcisez sa présence en vous débarrassant des photos où il apparaît. Évitez les endroits où vous alliez régulièrement ensemble. Cessez aussi d'acheter sa marque préférée de céréales, arrêtez de lire son horoscope dans le journal! C'est vous qui comptez — juste *vous*.

PRENDRE SOIN DE VOUS

Bien sûr, si vous restez dans votre coin comme un enfant boudeur, il est entendu qu'après un certain temps plus personne ne fera l'effort d'aller vous chercher. Avec raison d'ailleurs: si vous-même êtes convaincue que ça ne sert à rien, les autres vont finir par vous croire.

Beaucoup vous parleront des «grands» changements (bénéfiques) que peuvent vous valoir la séparation, des bouleversements et des métamorphoses, mais dites-vous bien qu'avant d'en arriver là, il vous faut d'abord apprivoiser le quotidien. Après, vous pourrez indiscutablement voir plus grand, élargir vos horizons. Pour l'instant, puisque votre séparation est récente, concentrez-vous sur les petites choses journalières. Soyez pratique. Par exemple, n'attendez pas qu'il y ait quelqu'un de spécial dans votre vie pour vous offrir ce superbe soutien-gorge de dentelles auquel vous pensez depuis longtemps. Louez tous les films de «filles» dont vous avez envie, vous savez, ce genre de film qu'il n'aimait pas et que vous vouliez regarder. Au lieu de rêver simplement d'une nouvelle couleur de cheveux ou d'une coupe spéciale, allez-y! Au pire, les cheveux, ça repousse et une couleur, ça se change facilement. C'est aussi le temps de passer des heures devant votre miroir et d'essayer de nouveaux maquillages. Cela vous rappellera vos quinze ans!

SORTIR AVEC LES FILLES

C'est maintenant le temps d'aller souper avec vos copines, celles pour qui vous n'aviez pas assez de temps — retenez que les *chums* et les maris peuvent changer, mais que vos copines, elles, sont habituellement là pour la vie. Planifiez de vous rencontrer une fois par semaine pour un 5 à 7 dans un bar. Organisez un souper de filles à votre appartement, gavez-vous de pâtes et de vin, et profitez de l'occasion pour parler des autres. «*Ah que je suis méchante!*» comme disait l'autre, mais avouons tout de même que ça fait parfois du bien!

Une fois les contacts rétablis, vous serez surprise d'apprendre combien d'entre elles ont vécu une expérience semblable à la vôtre. Ce sera aussi le moment de refaire votre réseau de relations féminines; oubliez les histoires qu'on raconte au sujet de l'impossibilité des amitiés entre femmes — ces racontars ne servent habituellement (quand ils sont bien présentés) qu'à isoler les femmes les unes des autres.

SORTIR AVEC LES COPAINS

Refaites connaissance avec les copains que vous aviez délaissés, souvent parce que votre *ex* en était trop jaloux ou les jugeait insignifiants. Sachez que ces relations, souvent platoniques, contribueront à vous refaire une confiance. Après tout, pensez-y, ils sont sympas ces copains qui savent danser et qui vous font rire aux larmes; ceux qui apprécient les mêmes films que vous, les mêmes spectacles; ces copains qui remarquent votre nouvelle coupe de cheveux, votre nouvelle robe et vous demandent si vous n'auriez pas perdu du poids. Vous savez, tous ceux-là qui, inconditionnellement, vous trouvent belle, fine et intelligente. Pourquoi vous priveriez-vous de ces contacts: vous êtes libre!

OUBLIER L'HOMME IDÉAL

Apprenez à profiter de votre liberté: ayez une aventure si ça vous le dit! Dites-vous que vous pouvez trouver un homme séduisant, sans pour autant avoir le goût de partager votre vie avec lui. C'est vous qui êtes maintenant seule juge de ce qui est ou n'est pas bon pour vous. Mais, tout de même, prudence! Assurez-vous, dans ce cas-là, de pouvoir tracer la ligne entre l'érotisme — la sexualité — et l'amour. Il faut que vous soyez capable de jouer le jeu de la séduction, sans vous y faire prendre. Si vous savez que votre partenaire et vous ne voulez pas de relation à long terme et que vous vous sentez à l'aise dans ce type d'aventure, pourquoi vous y refuseriez-vous? Vous ne faites de tort à personne. Prenez vos précautions et laissez votre cœur à la maison; il ne s'agit, ici, que de satisfaire les exigences très normales de votre corps — et un peu, aussi, de votre ego. C'est une bonne façon de vous prouver que vous plaisez encore, «que tout n'est pas perdu».

LES NOUVEAUX PASSE-TEMPS

Vous aimez la cuisine? Pourquoi ne pas vous inscrire à un cours de cuisine exotique, comme la cuisine japonaise, ou encore approfondir vos connaissances en cuisine française ou italienne? Cela occupera quelques soirées et, par la suite, vous pourrez régaler vos amis ou... séduire un partenaire potentiel!

Vous connaissez la différence entre un vin de Bordeaux et un vin de Bourgogne? Voilà une autre façon de passer quelques soirées agréables. Il existe des cours accessibles qui augmentent notre culture. Vous avez toujours eu envie d'apprendre l'italien ou l'espagnol? C'est le temps ou jamais. Vous pouvez même en profiter pour planifier un voyage dans l'une de ces contrées. Les arrangements floraux vous fascinent, ou la culture des bonsaïs peut-être?

Allez: pensez à ce que vous avez toujours voulu faire. Surtout, faites-le! Les possibilités sont illimitées, faites preuve d'imagination. Assistez à une conférence ou à une soirée d'introduction sur les sujets qui vous captivent. Après tout, vous en avez le temps.

VOYAGER

On s'imagine trop souvent que les voyages de nos rêves sont impossibles à réaliser, qu'ils sont inaccessibles. Allons! Ils sont du domaine du réalisable. Il suffit que vous le vouliez: vingt dollars mis de côté par semaine vous permettent de vous évader une fois par année.

Quant à voyager seule, n'ayez crainte: ce sont probablement les plus beaux voyages que vous ferez, puisque vous aurez alors l'occasion de faire tout ce que vous voulez — *juste ce que vous voulez!* Si vous nourrissez quand même des craintes quant à l'idée de voyager seule, dites-vous qu'il existe plein de voyagistes qui offrent des séjours de style Club Med pour gens seuls; des séjours au cours desquels vous aurez la possibilité de vous initier à de nouvelles activités et de rencontrer des gens qui sont dans la même situation que vous.

GARDER UN ESPRIT OUVERT

Viendra un moment où vous fréquenterez un nouvel homme. Évitez de le comparer systématiquement à votre *ex*; évitez aussi de le transformer immédiatement en mari potentiel. Profitez des moments vécus; ayez du plaisir, sans nécessairement penser à finir vos jours avec lui. Ne vous confinez pas à un seul type d'homme et, surtout, ne vous fiez pas aux apparences. Sa cravate est peut-être de la mauvaise couleur, mais s'il est daltonien, il n'en a aucune idée; ça ne veut pas dire qu'il a mauvais goût, c'est simplement que certaines nuances lui échappent... Fiez-vous plutôt à votre intuition.

Si vous vous sentez à l'aise, c'est merveilleux; s'il vous stresse, agissez en conséquence. Ce n'est pas la fin du monde: d'autres hommes vous plairont plus.

PRÉVENIR LES REJETS

C'est arrivé à tout le monde: vous rencontrez un homme, il semble intéressé, il vous demande votre numéro de téléphone, et puis *zilch*... Vous attendez en vain que l'appareil sonne et vous commencez à broyer du noir. La prochaine fois qu'un homme vous demandera votre numéro, dites-lui : *«Je préfère avoir le tien si cela ne te dérange pas...»* Et inventez n'importe quoi... Il sera sans doute flatté de l'attention que vous lui portez et c'est lui qui attendra le coup de fil fatidique. S'il vous plaît, rappelez-le, sinon...

Gardez à l'esprit que vous profitez aujourd'hui d'une liberté totale. C'est à vous de savoir comment vous vous en servirez — il n'est d'ailleurs pas impossible que vous en subissiez certains contrecoups. Mais, comme dans toute chose, c'est avec l'expérience qu'on apprend ou qu'on réapprend!

RÉORGANISER SA VIE

Maintenant que vous êtes libre, vous devez donc réorganiser votre vie pour en profiter pleinement.

Les cinq règles d'or de la femme organisée

Souvent, après une séparation ou un divorce, les femmes se retrouvent seules pour assumer toutes les responsabilités qui, auparavant, étaient plus ou moins partagées. Elles doivent donc nécessairement trouver une nouvelle façon de fonctionner, une façon souple qui permette d'atteindre l'équilibre entre les exigences du travail et de la famille.

Nous sommes toutes plus ou moins débordées, à un moment ou à un autre. Nous sommes presque à bout de souffle: «*Ah! Si les journées pouvaient avoir plus de vingt-quatre heures...*» Mais si nous avons des difficultés d'organisation, même si les journées avaient plus de vingt-quatre heures, nous n'arriverions probablement pas plus! Ce qu'il faut, c'est organiser nos journées en faisant tout ce qu'on doit faire au moment où on doit le faire, sans oublier pour autant de se réserver des moments de détente et de loisirs.

Voici donc les principales règles d'or de l'organisation:

1. AYEZ UN AGENDA.
Prenez une demi-heure tous les dimanches pour planifier votre semaine et celle de vos enfants. Inscrivez-y vos rendez-vous

personnels et professionnels, comme ça vous ne risquerez pas d'en oublier et vous pourrez organiser plus logiquement vos journées. Gardez-vous aussi une marge de manœuvre, pour les problèmes ou les rendez-vous de dernière minute. Certaines diront que c'est une perte de temps, mais essayez et vous verrez comme tout devient plus simple et plus pratique!

2. PARTAGEZ, DÉLÉGUEZ.

Vous devez apprendre à déléguer, à la maison comme au travail. Dites-vous bien que vous ne pouvez tout faire toute seule. À la maison, certaines tâches peuvent facilement être accomplies par les enfants ou avec eux, selon leur âge naturellement. Organisez une réunion «au sommet» avec eux chaque semaine, de façon à rendre le travail amusant. Vous serez surprise de constater l'aide qu'ils peuvent vous apporter; vous gagnerez ainsi quelques moments de détente qui vous feront le plus grand bien. Au travail, c'est la même chose: déléguez. Bien sûr, vous aimeriez tout faire — le syndrome de la *superwoman* — mais à trop vouloir en faire, vous serez peut-être incitée à bâcler des choses et vous raterez de belles et bonnes occasions.

3. FAITES LE MÉNAGE DANS VOS PAPIERS.

Tous les jours nous recevons des comptes, des documents importants, etc. Rangez-les toujours au même endroit, utilisez des chemises à dossier et indiquez ce qu'elles contiennent: factures de téléphone, d'électricité, relevés de cartes de crédit, etc. De cette manière, vous risquerez moins de faire des oublis fâcheux et vous aurez les preuves de paiement à portée de main. Gardez un coin du bureau où les enfants pourront mettre les papiers importants qu'ils rapportent de l'école; comme cela, vous pourrez en prendre connaissance à votre retour du travail. Assurez-vous de toujours avoir ce dont vous pouvez avoir besoin — crayons, enveloppes, papier collant, ciseaux, timbres —, cela vous évitera des pertes de temps.

4. PRÉPAREZ VOTRE LISTE D'ÉPICERIE.

C'est incroyable le temps que nous consacrons à l'épicerie et... à ce que nous avons oublié, à tous ces détours que nous devons faire! Accrochez un tableau dans la cuisine où les enfants et vous pourrez inscrire les produits qui manquent. Prenez quelques minutes pour planifier tous les menus de la semaine de façon qu'il ne vous manque aucun ingrédient lorsque vous préparerez les repas. Avant d'aller faire vos courses, prenez le temps de faire une liste (la plus complète possible) de ce que vous devez acheter; d'une part, vous n'oublierez rien et, d'autre part, vous serez moins tentée par les étalages.

5. LES MATINS PRESSÉS!

Les jours de semaine, préparez la veille les vêtements que porteront les enfants le lendemain et assurez-vous que ce que vous désirez porter est propre et repassé. Prévoyez un panier à linge où les enfants pourront mettre les vêtements à laver; ainsi, vous ne serez pas obligée de courir dans toutes les pièces avant de faire le lavage. Mettez vous-même les vêtements à envoyer chez le nettoyeur toujours au même endroit, si possible près de la porte d'entrée où vous pourrez les prendre rapidement lorsque vous partez travailler. Inscrivez à votre agenda de passer les prendre lorsqu'ils sont prêts, comme ça vous n'aurez pas de mauvaises surprises.

CHANGER, MAIS À SON RYTHME

S'il est important de bien profiter de la vie et de s'organiser une existence intéressante, il est aussi essentiel de ne pas tomber dans l'excès contraire et de prendre les bouchées doubles.

Après une séparation ou un divorce, les femmes se retrouvent seules, la plupart du temps, pour assumer les responsabilités familiales... et toutes les autres responsabilités. Souvent, lorsque cela survient, et parce qu'elles sortent d'une *mauvaise* expérience, elles ne veulent absolument pas déléguer quoi que ce soit; tout doit être fait exactement selon la manière qu'elles souhaitent. Mais, honnêtement, elles ne peuvent, seules, tout accomplir. Si elles tentent de le faire, on peut se demander combien de temps elles tiendront à ce rythme.

Si vous vous reconnaissez dans ces comportements, vous devez faire attention à vous, sinon vous risquez l'épuisement ou carrément un *burnout* — le syndrome de la *superwoman*, ni plus ni moins.

Voici quatre caractéristiques qui ne trompent pas:

- *La* superwoman *accepte très difficilement l'échec.* Elle ne se permet pas la moindre erreur, tout doit être fait à la perfection. Elle doit tout assumer, que ce soit à la maison ou au travail. De plus, elle doit être tout à fait disponible pour ses enfants...

- *La* superwoman *veut tout faire elle-même.* Elle n'est pas prête à déléguer quelque responsabilité que ce soit. Personne ne peut faire les choses à sa place ou aussi bien qu'elle. Elle veut tout prendre sur ses épaules et ne rien demander à personne. Et si, par malheur, elle oublie un rendez-vous chez le dentiste, un entraînement sportif pour son fils, un cours de musique pour sa fille ou un article à l'épicerie, c'est la crise de culpabilité. Non, elle n'a pas droit à l'erreur!

- *La* superwoman *est toujours dans une forme extraordinaire.* La fatigue, elle ne connaît pas ça. Ce n'est pas un rhume ni un mal de tête qui peuvent l'empêcher d'accomplir toutes les tâches qu'elle s'est fixées. Jamais elle ne renonce à quoi que ce soit...

- *La* superwoman *veut réussir tout ce qu'elle entreprend, tant dans son travail que dans sa vie personnelle.* Au travail, elle doit être la meilleure; avec les enfants, elle doit être la mère idéale. Mais, souvent, malheureusement, elle s'oublie...

Vous comprendrez que la *superwoman* n'a pas beaucoup de moments de détente! La plupart du temps, elle commence un livre et ne trouve jamais le temps de le terminer; elle se promet une sortie avec ses amies et la remet continuellement; elle ne se souvient probablement pas du dernier film qu'elle a vu au cinéma ni de la dernière pièce de théâtre à laquelle elle a assisté.

Vous vous reconnaissez dans tout cela? Ne vous en félicitez pas! Parce que si vous vous reconnaissez un tant soit peu dans ces comportements, il est temps de vous garder des moments rien que pour vous — pour faire ce que vous aimez.

Chapitre 7
À la recherche de l'amour

Vous avez tranquillement apprivoisé votre vie de célibataire et vous vous êtes dit que vous ne laisseriez plus jamais un homme entrer dans votre vie, partager vos *affaires*. Mais des sentiments insaisissables vous troublent et vous vous prenez à envier les amoureux et à jauger les hommes comme partenaires potentiels.

Les semaines et les mois ont passé, l'eau a coulé sous les ponts, et voilà que vous sentez tout à coup quelque chose dans votre vie, une présence masculine. De prime abord, cela pourra vous sembler un peu incongru puisque vous avez traversé, probablement non sans difficulté, une union qui s'est soldée par un divorce ou une séparation — un échec, diront certains. Vous avez aussi affronté tous les écueils qui ont sillonné votre route au moment des différentes étapes conduisant à l'officialisation de la fin de votre mariage. Malgré cela, voilà que vous pensez à nouveau, non pas seulement à l'amour, mais à une certaine forme d'engagement. Vous regardez autour de vous et, maintenant, de plus en plus, vous en venez à envier les couples que vous croisez, qui se tiennent tendrement par la main ou se murmurent des mots complices à l'oreille.

FACE À L'INCONNU

Bien sûr, il n'est pas question de votre *ex* et de ce que vous avez perdu. Vous n'avez sûrement pas envie de retourner en arrière. Vous avez fait le tri de ce que vous avez vécu, et vous avez réussi à ne conserver de cette union que quelques souvenirs, des beaux moments. Non, c'est autre chose qui vous préoccupe ou... vous trouble. Un quelque chose d'indéfinissable qui vous pousse à regarder les hommes de votre entourage sous un nouveau jour. En d'autres mots, vous en arrivez à les jauger comme des partenaires potentiels.

Naturellement, au début — et c'est très normal — vous vous traitez de *folle*. Vous vous dites que c'est fini pour vous, que plus jamais vous ne laisserez entrer quelqu'un dans votre vie. Et puis, parfois, vous vous dites peut-être aussi que personne ne voudra de vous. Vous tremblez littéralement d'effroi. Vous vous trouvez trop grosse, trop maigre, trop vieille, trop... n'importe quoi ou pas assez jolie, pas assez intelligente, pas assez intéressante — vous voyez le genre! Que se passe-t-il donc? C'est simple: c'est la peur qui parle, la peur du rejet, de l'abandon, la peur de l'inconnu aussi. Quel que soit votre âge, vous vous sentez de nouveau comme une adolescente qui se demande si elle saura plaire.

Cette situation, cet état d'être vous fera rapidement faire la liste de tous vos défauts et de tout ce qui vous manque. Ne vous arrêtez cependant pas à cette seule liste. Assoyez-vous tranquillement et dressez ensuite la liste de vos qualités et de vos atouts, non pas pour vous pavaner ou pour la crier sur tous les toits, mais simplement pour que vous puissiez réellement prendre conscience que «vous n'êtes pas si mal que ça».

Dix trucs pour retrouver le goût de sortir avec un homme

1. Faites la liste des qualités de tous vos anciens *chums*, même votre *ex* — attention, seulement les qualités.
2. Cessez d'écouter des chansons tristes qui parlent d'amour trahi et d'infidélité.

3. Allez voir un film romantique qui finit bien.

4. Lisez un roman de Jane Austen, ils sont pleins d'humour; ses héroïnes sont charmantes et finissent par décrocher l'homme idéal!

5. Dressez la liste de vos préférences physiques chez un homme.

6. Lorsque vous sortez faire des courses, faites attention à votre apparence. Rien d'extravagant, mais évitez seulement d'avoir l'air de n'importe quoi.

7. Offrez-vous une nouvelle coupe de cheveux.

8. Prenez un rendez-vous chez votre esthéticienne.

9. Évitez de sortir avec un couple d'amis qui se chamaille en public.

10. Sortez avec votre frère ou un copain pour... pratiquer!

AUDACE ET... PRUDENCE!

Pour faire des rencontres, sachez tout d'abord que vous devez sortir de chez vous; personne n'ira frapper à votre porte pour vous offrir tout de go cette relation sur mesure que vous souhaitez. Quelqu'un le ferait-il que vous claqueriez la porte sans attendre qu'il ait fini de s'expliquer — vous auriez d'ailleurs bien raison d'agir ainsi!

Mais sortir, pour aller où? Voilà la «grande» question: que faire et comment faire pour rencontrer un homme qui soit à la hauteur de vos attentes et qui soit prêt à partager le même genre de relation que celle que vous voulez vivre? Vous ne souhaitez probablement pas, pour ce qui est sans doute la première relation que vous envisagez depuis votre nouveau célibat, un homme qui s'installe chez vous avec armes et bagages après seulement quelques jours de fréquentations. Vous avez besoin d'être apprivoisée, d'être rassurée; vous avez besoin de savoir dans quoi vous pourriez vous engager et, surtout, vous avez besoin de temps pour découvrir la véritable personnalité de l'autre.

Mais vous n'êtes plus une adolescente qui peut traînasser dans les centres commerciaux pour attirer l'attention des adolescents fréquentant les arcades. Alors, que faire?

LE PORTRAIT TYPE

La première chose qu'il convient de faire, c'est de tracer un portrait type de l'homme que vous aimeriez rencontrer. Déterminez, en pratique, les qualités que vous recherchez, mais aussi les défauts avec lesquels vous êtes prête à composer. Ne l'oubliez pas, personne n'est parfait et nous avons tous les défauts de nos qualités.

Vous avez le droit d'avoir vos normes, comme il sera nécessaire de faire certains compromis. Toutefois, dans un cas comme dans l'autre, prenez garde. N'ayez pas d'exigences irréalistes, mais portez aussi attention aux compromis que vous êtes prête à faire: ne vous engagez pas dans une relation qui se transformerait en fardeau, à court ou à moyen terme. Respectez-vous. Mieux vaut être seule que de déroger à vos principes et à vos valeurs fondamentales et, du coup, prendre le risque de devenir le jouet de quelqu'un. Ce genre de compromis n'en vaut assurément pas la peine. Si vous ne vous sentez pas à l'aise avec un homme, évitez de sortir avec lui. Si votre ex-conjoint était dominateur, de grâce, ne tombez pas dans le même panneau; cela vous mènerait dans le même engrenage et vous conduirait au même résultat.

VISER LES MÊMES OBJECTIFS

Retenez bien que les apparences sont parfois trompeuses; ce n'est pas parce que vous avez fréquenté la même école ou venez du même milieu que vous êtes faits l'un pour l'autre.

Paul et Louise avaient passé leur enfance dans le même quartier. Tous deux, issus de familles de classe moyenne et de même religion, avaient profité du même type d'éducation. Le couple rêvé. Pourtant, ce fut le divorce au bout de deux ans.

Paul voulait demeurer dans le même quartier, près de leurs parents et de leur entourage de toujours; il voulait recréer le genre de vie qu'il avait connu enfant, reproduire la vie de ses parents ou presque. Louise, elle, voulait s'éloigner un peu de ce moule; elle voulait travailler et faire carrière, les enfants viendraient plus tard. Elle ne tenait pas particulièrement aux visites quasi quotidiennes et aux repas dominicaux.

Paul et Louise se sont rapidement aperçus de leurs différences fondamentales. Ils ont divorcé, mais ils sont néanmoins restés de bons amis et se voient à l'occasion. Louise a trouvé un partenaire qui partage ses buts et ils sont heureux de vivre six mois par année à l'extérieur du pays. Pour sa part, Paul a rencontré une femme qui possède le même amour pour la famille et les traditions. Ils vivent toujours dans le même quartier.

LES DANGERS DE LA RÉBELLION

Marie provient d'une famille très *collet monté;* pour prouver son émancipation, elle jeta son dévolu sur un voyou membre d'une bande de motards. Il traficotait à droite et à gauche avec, comme résultat, qu'il passait le plus clair de son temps au poste de police. Même lorsqu'il était à la maison, les choses n'allaient guère mieux: il agissait comme le type sans éducation qu'il était. Ce «naturel» que Marie trouvait si charmant en vint rapidement à l'agacer et à l'excéder. Bien sûr, ce mariage ne dura pas. Se rebeller, c'est bien beau, mais doit-on le faire au prix de notre vie? Pour prouver aux autres, à nos parents, à notre entourage, que nous sommes différentes? Tout cela n'est-il pas trop cher payé?

PARTAGER LES MÊMES VALEURS

De nos jours, il est souvent mal venu de parler de morale et de valeurs, mais y a-t-il quelque chose de plus important que de partager les mêmes valeurs fondamentales que son conjoint?

Il est toujours difficile de se plier à la morale ou au système de valeurs d'un autre, sans compter que le résultat est souvent désastreux. Il est beaucoup plus sage de trouver quelqu'un dont le système de valeurs est compatible avec le nôtre et avec qui, *naturellement*, nous nous sentirons à l'aise dans toutes les situations. Voici quelques exemples de situations:

- Pour vous, la franchise est d'une importance capitale, alors qu'il ment facilement pour obtenir ce qu'il veut.

- Vous êtes de nature directe, alors qu'il manipule les autres sans vergogne.

- Vous donnez à Centraide, alors qu'il considère que ceux qui sont pauvres méritent leur indigence et sont tout simplement paresseux.

- Vous considérez que tous les individus sont égaux et doivent être jugés selon leurs propres actions, alors qu'il fait constamment preuve de préjugés et de racisme.

Certaines valeurs sont fondamentales pour chacun de nous. Dressez la liste de vos valeurs et, surtout, ne faites pas de compromis sur celles-là. Vous finiriez par le regretter et vous ne pourriez probablement pas être heureuse avec quelqu'un qui ne possède pas le même sens des valeurs.

ATTENTION AU MYSTÈRE!

Alors là, attention! Ne pas savoir à quoi s'attendre de l'autre peut être charmant pour un week-end, mais pour la vie? Le signe que les choses ne se déroulent pas comme elles le devraient, ce signe qui devrait vous alerter et sonner l'alarme, est que plus vous passez de temps avec lui et moins vous le comprenez. Il semble toujours auréolé de mystère. Ce n'est pas normal.

Un des plaisirs les plus importants dans une relation est d'apprendre justement à se connaître, de découvrir les goûts de l'autre, de trouver des passions communes. Cela n'implique pas que vous deviez toujours avoir les mêmes goûts, les mêmes réactions, les mêmes façons d'exprimer vos émotions, mais il y a des limites. Si, devant un panorama splendide qui vous touche et vous tire les larmes, son commentaire est qu'il faudrait repeindre la maison, le moins qu'on puisse dire, c'est que vous n'êtes pas sur la même longueur d'onde.

Si vous n'avez rien en commun (ou très peu en dehors du lit), que faites-vous vraiment ensemble? Sur vingt-quatre heures, vous en aurez peut-être passé dix au maximum au lit; les autres risquent d'être plutôt mornes. Voulez-vous devenir comme ces couples qu'on remarque au restaurant et qui ne semblent avoir rien à se dire? Ils mangent en gardant le silence ou lisent chacun leur journal de leur côté de la table.

Ce n'est pas ça, partager sa vie...

LES APPARENCES TROMPEUSES

Il arrive parfois qu'un des partenaires joue un rôle pour satisfaire les attentes de l'autre. Encore une fois, cela peut être plaisant pour une relation de courte durée, mais sûrement pas valorisant dans une relation à long terme. Vous finissez par vivre avec une image de vous qui ne vous ressemble pas ou vous vivez avec quelqu'un que vous ne connaissez pas vraiment. Vous passez votre vie à jouer un rôle, à satisfaire des attentes, des exigences qui ne sont pas les vôtres, qui sont parfois même à l'opposé de ce à quoi vous aspirez.

L'un des plus grands plaisirs dans une relation — et le plus valorisant —, c'est de plaire à l'être aimé par ce que nous sommes vraiment. Ce ne sont pas les artifices qui cimentent le couple, ce sont les petits détails du quotidien, ce que vous avez l'air au saut du lit, les sujets qui vous passionnent, les lectures que vous faites, le genre d'humour qui vous fait rire. C'est aussi découvrir que vous avez des passions communes, par exemple que vous adorez visiter les musées ou flâner sur la terrasse d'un café. Vous n'avez pas de grande question existentielle à vous poser, vous savez que vous partagez ces intérêts.

Il est normal de vouloir plaire, mais si vous devez dissimuler ce que vous êtes pour afficher ce que l'autre veut que vous soyez, vous n'arriverez jamais à vous sentir à l'aise en sa présence. Plus encore: vous serez prise dans un engrenage dangereux. Vous bâtirez votre couple sur une base fuyante et pleine de trous, une entreprise périlleuse s'il en est, puisqu'il vous faudra toujours être à l'affût, histoire de ne pas vous tromper dans vos mensonges.

À la longue, les ressentiments s'installeront en vous et les récriminations s'immisceront dans votre relation. Le pire, c'est que votre partenaire ne comprendra pas; d'ailleurs, comment pourrait-il? Il ne vous connaît pas, vous lui avez présenté une personnalité qui n'est pas la vôtre.

Guide pratique de la femme avertie
(ou comment partir du bon pied avec un nouveau partenaire)

Une femme avertie...
sait pertinemment qu'un appel téléphonique n'est pas une demande en mariage.

Une femme avertie...
ne se laisse pas mettre sur la défensive. Si, dès les premiers instants, vous vous sentez obligée de défendre ou de justifier vos idées, n'allez pas plus loin.

Une femme avertie...
ne met pas un homme sur la défensive en l'interrogeant sans merci sur ses goûts, son travail, ses habitudes, ses revenus financiers... Ce

---

n'est pas une entrevue pour un nouvel emploi — du moins, ça ne devrait pas l'être! Si vous agissez ainsi, il va rapidement prendre la fuite. Il existe une différence marquée entre montrer de l'intérêt pour quelqu'un et lui faire subir l'inquisition.

Une femme avertie...
ne s'aventure pas dans une conversation érotique ou une discussion de nature sexuelle qui la rend mal à l'aise ou qui la gêne. Si cela vous plaît, d'accord, mais si ce n'est pas une priorité pour vous, refusez gentiment d'entrer dans le jeu.

Une femme avertie...
n'entreprend pas une conversation érotique avec un inconnu. Pourquoi risquer de tomber sur un désaxé ou inviter le *trouble*. Cela peut aussi refroidir un homme réservé.

Une femme avertie...
ne prolonge pas une conversation téléphonique outre mesure. Elle préfère qu'il rappelle.

Une femme avertie...
reste elle-même, demeure fidèle à son image. Elle évite de porter des vêtements inconfortables pour paraître simplement séduisante. Elle évite cependant de verser dans l'excès contraire et de se présenter *débraillée*...

Une femme avertie...
connaît ses forces et ses faiblesses; elle évite les pièges et les sujets périlleux. Si vous ne connaissez rien à la mécanique, ne tentez pas de l'épater sur le sujet.

Une femme avertie...
sait écouter, mais elle sait aussi s'exprimer. Elle sait maintenir un sain équilibre dans la conversation.

OÙ ALLER?

Soyez logique avant tout: si vous n'aimez pas les quilles, n'allez pas dans les salons de quilles; si vous n'aimez pas le billard, n'allez pas dans ces nouveaux bars à la mode où tous se rencontrent autour d'une table de billard. Si vous n'aimez pas les sports, n'allez pas assister à un match quelconque pour trouver l'âme sœur! Dans un cas comme dans l'autre, vous courriez au désastre!

En fait, l'homme que vous cherchez peut être n'importe où, parce que s'il y a plein de femmes qui vivent un divorce ou une séparation, dites-vous bien qu'il y a tout autant d'hommes qui sont dans la même situation. Tous ces gens-là ne courent pas nécessairement les bars pour dénicher un nouveau partenaire; d'ailleurs, dans la majorité des cas, ils se méfieraient plutôt de ce genre d'endroits où les relations s'établissent la plupart du temps sur un mode éphémère.

C'est plutôt dans le cours de vos activités quotidiennes que vous aurez l'occasion de dénicher la perle rare. Peut-être lorsque vous faites votre marché. Regardez le panier d'alimentation des hommes qui circulent dans les allées, vous reconnaîtrez rapidement ceux qui vivent seuls par la quantité d'effets qu'ils ont dans leur panier et le genre de produits; conserves, mets surgelés ou sous-vide sont habituellement leur lot, plus deux ou trois biftecks! Nouer la conversation dans un tel endroit est facile et ne porte pas à conséquence...

Autre lieu commun: les laveries automatiques. Vous pouvez décider d'aller y laver votre linge, même si vous avez une laveuse et une sécheuse — faites-le une fois! Vous serez étonnée de voir le nombre d'hommes qui s'y trouvent, particulièrement les samedis et dimanches matin. Ne commencez pas à faire le lavage pour eux, mais un petit conseil bien placé peut permettre de nouer la conversation pendant que le cycle de lavage suit son cours. N'oubliez pas, les femmes sont encore considérées comme expertes dans les arts ménagers! Tournez cette attitude en avantage pour rencontrer quelqu'un qui vous sera reconnaissant. Ce n'est pas la fin du monde, mais cela peut être un début.

Faites preuve d'imagination. Le samedi matin est le moment idéal pour aller faire un tour à la bibliothèque de votre quartier. Pourquoi? La raison en est simple: nombre d'hommes s'y trouvent pour lire les journaux du week-end. Même si vous n'y dénichez pas le prince charmant, vous aurez probablement l'occasion de créer des amitiés agréables.

LES PETITES ANNONCES ET LES AGENCES DE RENCONTRE

Si les bars ont longtemps été considérés comme le lieu privilégié pour faire des rencontres, ce n'est plus tout à fait le cas, comme nous le disions précédemment. D'une part, chacun y a constaté que les relations qu'on y nouait se limitaient trop souvent à des rencontres épidermiques passagères et, d'autre part, avec l'âge, il devient lassant de passer des soirées dans un lieu bruyant et enfumé dans l'espoir d'y trouver le partenaire de nos rêves. À vingt ans, ça distrait; à quarante ans, ça ennuie.

Le moyen que les nouveaux célibataires privilégient de plus en plus, ce sont les petites annonces. Si, jusqu'à il y a quelques années, les rubriques de ce genre étaient surtout fréquentées par des gens en quête d'aventures, ce n'est plus le cas aujourd'hui. Il en est d'ailleurs de même des nouvelles agences de rencontre. Elles évitent des errances inutiles et nous permettent de nous adresser à des gens qui vivent le même genre de situation que nous et qui, incontestablement, partagent les mêmes préoccupations.

Dans les unes comme dans les autres, on s'y présente simplement, sans gêne, en faisant état de ses goûts, de ses préférences et de ses attentes. Une ou quelques rencontres permettent de voir s'il existe des atomes crochus. Si oui, peut-être est-ce le début d'une relation qui correspond à ce que vous voulez; sinon, vous pouvez rencontrer d'autres «candidats» en quête d'un même partage que vous.

Si un dicton affirme que les contraires s'attirent, dites-vous bien que c'est sans doute valable pour les aimants; pour nous, rien n'est moins sûr. Le secret d'une relation équilibrée, satisfaisante et durable réside justement dans la compatibilité des partenaires. Allez à la recherche de quelqu'un qui partage vos intérêts, vos buts, vos valeurs et vos goûts, c'est la recette pour un couple réussi.

Il existe donc une panoplie de services permettant de rencontrer quelqu'un. Voici quelques exemples:

LES LIGNES TÉLÉPHONIQUES

Depuis quelques années, nous sommes littéralement inondées par ce genre de télécommunications. Elles semblent prêtes à nous offrir à peu près n'importe quoi et elles sont partout, placardées dans le métro, dans les journaux, et des feuillets publicitaires sont même glissés dans notre boîte aux lettres. On y trouve de tout, pour tous les goûts: «Homme cherche femme», «Femme cherche homme», «Femme cherche femme», «Homme cherche homme», et ainsi de suite. Il existe même des rubriques nommées «Variations».

Cette forme de services est présentement très populaire, mais il n'existe aucune étude sur leur succès. Les coûts varient considérablement de l'un à l'autre et comme vous êtes facturée à l'appel (et à la minute), il est assez difficile de prévoir combien cela coûtera. À plus ou moins deux dollars la minute, votre facture peut grimper à des sommes astronomiques en peu de temps. Les résumés sont aussi très brefs; il est difficile de se faire une idée de quelqu'un avec un texte de moins de vingt-cinq mots.

D'autre part, ces services de rencontre téléphonique changent constamment; de nouveaux prennent naissance chaque jour, et d'autres s'éteignent en l'espace de quelques semaines. Comme vous recevez votre compte à la fin du mois, avec votre compte de téléphone, il est assez difficile de savoir si l'organisme existe toujours — même si on vous facture toujours. Plusieurs cas de fraudes ont par ailleurs été rapportés et sont maintenant sous enquête. Néanmoins, il existe des organisations sérieuses qui ont passé le test du temps. Le seul conseil que nous puissions vous donner: informez-vous avant de vous inscrire.

LES AGENCES DE RENCONTRE

Comment s'y retrouver dans le dédale des agences de rencontre? Vous êtes seule depuis un certain temps et voilà que vous êtes lasse des *blind dates* organisées par vos parents et amis. Vous en avez marre de rencontrer des hommes dans les bars — ou vous n'osez pas aller dans un bar toute seule. Vous vous sentez un peu désespérée: les méthodes qui fonctionnaient dans votre adolescence vous semblent puériles, celles des années soixante-dix où l'on se souciait peu des conséquences de ses actes sont définitivement loin de nous et vous ne connaissez pas trop celles des années quatre-vingt-dix. Tout doucement, vos pensées se tournent vers les possibilités qu'offrent les agences de rencontre.

Mais... les agences de rencontre, cela vous semble mystérieux, voire un peu inquiétant. Peut-être pensez-vous (encore) qu'il n'y a que des personnes ineptes, ennuyeuses, incapables de rencontrer des gens par elles-mêmes qui les fréquentent. Détrompez-vous. Ce n'est pas le cas — il faut d'ailleurs préciser que les agences de rencontre se sont considérablement transformées au fil des ans et qu'elles ont su s'adapter aux attentes que nous pouvons nourrir aujourd'hui. Elles sont d'ailleurs aussi nombreuses que différentes. En ce sens, si vous êtes seule, il est possible que les agences de rencontre soient la solution que vous cherchez.

Si vous croyez que ces agences sont un phénomène typiquement moderne, eh bien, sachez que vous faites fausse route! Les agences de rencontre sont issues d'une longue tradition venant de l'Antiquité. Dans ces temps anciens existaient des marieuses, des femmes dont le rôle consistait à dénicher le conjoint idéal. Ces entremetteuses servaient donc de lien entre les familles et elles organisaient souvent les événements.

Avec le temps, on en est venu à associer cette pratique aux «mariages arrangés» où les jeunes élus n'avaient pas un mot à dire; ils se contentaient de suivre les ordres de leurs parents, dictés à la fois par les conventions et par la fortune.

Puis, la «fonction» a évolué et s'est transformée. Les temps modernes et une certaine émancipation des mœurs ont eu raison de ces pratiques et, maintenant, la majorité des gens décident par eux-mêmes de ce qu'ils vont faire.

Dans notre société où tout change constamment et où on court d'un endroit à l'autre, il n'est pas surprenant que des personnes offrent leurs services pour nous aider dans le choix d'un partenaire et qu'elles connaissent beaucoup de succès ce faisant. Je dois cependant admettre que j'ai été moi-même fort étonnée, lors de l'enquête menée dans le cadre de ce volume, du nombre d'agences et de la diversité des services qu'elles offrent.

Voici quelques conseils pratiques pour vous aider à déterminer quel genre de service serait adéquat pour vous:

- Lorsque vous ouvrez votre bottin téléphonique sous la rubrique «Agences de rencontre», vous serez sans doute étonnée d'en voir le nombre ainsi que la diversité des services qu'elles offrent. Les plus traditionnelles offrent les services de conseillers pour vous aider à faire votre choix; d'autres donnent dans la technologie et se servent d'ordinateurs pour arriver à trouver votre partenaire idéal, et certaines ont même recours aux vidéoclips pour effectuer les premiers contacts. D'autres encore se spécialisent dans un segment particulier de la population, comme les gens d'affaires, les professionnels, les universitaires, etc.

• Le choix est quasi illimité et les prix varient considérablement, les plus bas se situant aux environs de 400 $ et le plafond étant pratiquement illimité. Mais aussi paradoxal que cela puisse paraître, le prix n'est pas le premier aspect que vous deviez considérer.

• Avant toute chose, vous devez décider quel genre de personnes vous voulez rencontrer. Si vous optez pour les gens d'affaires, il est mieux de trouver une agence qui se spécialise dans le domaine. Vous éviterez ainsi des «candidats» qui ne vous intéressent pas.

• Soyez honnête. C'est la règle d'or. Lorsque vous décrivez vos goûts, votre personnalité et vos intérêts, dites la vérité. Il est plutôt malaisé et difficile de se trouver devant quelqu'un à qui on a dit qu'on pesait quarante-cinq kilos alors qu'on en pèse soixante-cinq. Personne n'aime être dupé. Imaginez d'ailleurs quelle serait votre réaction si vous étiez mise en présence d'un homme de un mètre soixante alors qu'il s'était présenté comme mesurant un mètre quatre-vingts! Cet homme est peut-être tout à fait charmant, mais si vous aimez les grands hommes, il ne vous conviendra pas. Tous les goûts sont dans la nature, et vous trouverez quelqu'un qui vous plaît et à qui vous plaisez.

C'est la même chose lorsque vous décrivez vos préférences chez un homme: soyez honnête et aussi détaillée que possible, cela vous évitera les rencontres décevantes. Évitez aussi de mentir sur des détails qui peuvent se vérifier facilement, comme votre emploi ou vos études; cela peut être très embarrassant de rencontrer un homme qui était là et sait que vous n'avez jamais étudié ou travaillé à cet endroit.

Et puis, surtout, si vous désirez bâtir une relation solide et durable, ne vaut-il pas mieux commencer sur une base honnête?

• Les vidéoclips. Si vous optez pour ce type d'introduction, ne changez pas votre coupe de cheveux dix minutes avant le tournage! Portez des vêtements dans lesquels vous êtes à l'aise. Pas besoin d'être *hypersexy* pour un clip, surtout si c'est votre première expérience du genre. Restez la plus naturelle possible, vous allez avoir assez de problèmes sans ajouter une tenue inconfortable ou un maquillage qui coule. Écrivez ce que vous voulez dire sur de petites cartes afin de ne rien oublier.

RENSEIGNEZ-VOUS!

Avant de vous inscrire ou de vous engager de quelque façon que ce soit, prenez le temps de vous informer.

• Depuis combien de temps cette agence ou ce service de rencontre existe-t-il?

• A-t-il déjà fonctionné sous un autre nom (c'est un renseignement utile parce qu'il peut arriver qu'un propriétaire change le nom de son agence pour éviter de rembourser des clients insatisfaits)?

• Quel est son pourcentage de succès?

• Existe-t-il une liste de personnes satisfaites? En général, les agences ou les services de rencontre qui connaissent un bon succès vous feront lire les témoignages de clients heureux.

- Renseignez-vous au sujet des coûts. Par exemple, quelle est la différence des services entre un forfait de 400 $ et un autre de 800 $? Y a-t-il des coûts cachés ou des coûts qui apparaîtront plus tard?

- Demandez autour de vous si des personnes ont déjà eu recours à ces services. Le meilleur signe serait de rencontrer une cliente satisfaite et... mariée!

- Vous sentez-vous à l'aise auprès de votre conseiller (dans les agences de rencontre) ou avez-vous l'impression de vivre une vente sous pression?

- Prenez des renseignements auprès des organismes de protection du consommateur. Si des plaintes ont été portées contre l'organisme, ils pourront vous prévenir.

- Ne signez rien lors de votre première visite dans une agence; prenez le temps de réfléchir avant de vous engager. Faites lire votre contrat par un ami qui connaît ce genre d'entente avant de le signer.

- Méfiez-vous des promesses mirobolantes; en général, lorsque cela vous paraît trop beau pour être vrai, vous avez tout à fait raison d'être sceptique!

- Prenez votre temps, magasinez, rien ne vous presse. Ce n'est pas une course contre la montre!

Quinze trucs (originaux)
pour qu'il soit fou de vous!

1. Riez lorsqu'il raconte une histoire drôle et faites-la lui répéter devant les amis.
2. Envoyez-lui un bouquet de ballons au bureau accompagné d'un petit mot doux.
3. Fabriquez une grande affiche sur laquelle vous inscrivez «Je suis follement amoureuse de toi»; placez-la sur votre porte d'entrée avant qu'il arrive.
4. Regardez un match de sport à la télé avec lui sans faire de commentaires désagréables.
5. Abonnez-le à son magazine préféré.
6. Achetez-lui une nouvelle eau de cologne.
7. Offrez-lui un cadeau, sans raison.
8. Portez une robe de nuit en satin pour dormir, au lieu de votre vieux t-shirt.
9. Offrez-lui des fleurs.
10. Préparez un bain moussant pour deux, avec des chandelles et une bouteille de champagne.
11. Servez-lui le petit déjeuner au lit.
12. Dites-lui combien vous l'admirez.
13. Enregistrez ses chansons préférées sur une cassette, pour l'auto.
14. Faites-lui des biscuits maison et servez-les-lui chauds.
15. Invitez sa mère à souper!

FAUT-IL SE RESSEMBLER POUR ÊTRE HEUREUX?

Certains diront qu'il faut à tout prix être semblables pour vivre ensemble — qui s'assemble se ressemble; d'autres affirmeront plutôt que les différences rapprochent — les contrastes s'attirent... Qui a raison? Qui a tort? Peut-être que chacun a à la fois tort et raison!

Lorsque commence une relation, on a souvent l'impression que l'autre est vraiment semblable à nous; on a les mêmes goûts, les mêmes intérêts, la même vision de l'avenir. Cependant, une fois les premiers moments de passion passés, on a parfois la surprise de voir plusieurs différences majeures apparaître. Cela ne signifie pas que la relation ne peut pas fonctionner, mais cela indique néanmoins que nous devons apprendre à respecter ces différences et à composer avec elles.

La réussite de toute relation passe d'abord par le respect de l'un vis-à-vis de l'autre. Cela implique que nous nous respections nous-même si nous voulons que l'autre nous respecte et respecte ce que nous sommes.

L'erreur que plusieurs d'entre nous commettent, c'est d'essayer de rendre l'autre pareil à soi, et ce, à tout prix. Pourtant, l'amour, n'est-ce pas justement d'accepter l'autre comme il est, avec les qualités qui nous ont séduites et les défauts qui parfois nous agacent, parfois nous amusent? N'est-ce pas, aussi, demander la réciprocité?

La discorde ne vient généralement pas du fait que deux personnes sont dissemblables, mais plutôt que chacune fait tout pour tenter de convaincre l'autre qu'elle doit penser et agir exactement comme elle — et c'est cela qu'il faut absolument éviter.

Si deux êtres vivant ensemble étaient parfaitement identiques en tout, ne croyez-vous pas que cela risquerait de devenir très vite extrêmement ennuyant? Cela ne nous empêche toutefois pas d'avoir des points de vue semblables sur des aspects importants comme la façon de voir la vie, l'amour, les enfants, la religion, etc. Ces sujets devraient d'ailleurs être abordés dès le début de la vie à deux — et parfois même, idéalement, avant qu'on fasse vie commune. Cela nous permettrait ainsi de voir dans quelle mesure notre vision de la vie peut

133

s'harmoniser avec celle de l'autre. La vie sociale, l'importance du travail, le désir ou non d'avoir des enfants, l'éducation qu'on voudrait leur donner, les buts que l'on vise, etc. Cette connaissance des intérêts de l'autre éviterait à coup sûr plusieurs discussions inutiles et de nombreux affrontements.

En ce sens, pour connaître une vie de couple harmonieuse, il ne s'agit pas nécessairement d'être en tous points pareils, mais bien de cheminer ensemble avec nos particularités propres. Bref, d'aimer en restant soi-même et en laissant l'autre être ce qu'il est vraiment.

Certes, il est souvent tentant, lorsqu'on est follement amoureux, de vouloir tout voir et tout entendre avec les yeux et les oreilles de l'autre, particulièrement si on a attendu le grand amour très longtemps. Tout comme lorsque l'un des deux partenaires désire plaire à l'autre à tout prix, il accepte de faire siens les désirs de l'autre, même s'ils sont aux antipodes des siens. Mais à trop vouloir lui ressembler, on finit par oublier sa propre personnalité — jusqu'à ce qu'elle resurgisse et nous fasse tout à coup prendre conscience que nous sommes en train de faire fausse route. Malheureusement, il est parfois trop tard. Aussi est-il préférable de ne pas céder à ces *tentations* trop faciles, au risque de miner nos chances de bonheur.

Gardons à l'esprit que, dans une relation harmonieuse, il faut qu'il y ait un équilibre entre deux êtres qui s'aiment et un partage d'intérêts qui peuvent diverger, sans toutefois s'opposer. D'ailleurs, la différence n'est pas toujours synonyme d'affrontement; elle peut représenter la complémentarité.

Gardons à l'esprit que pour construire une relation enrichissante, il faut être deux, chacun possédant sa personnalité, affichant son originalité; il est vrai qu'un couple, c'est la réunion de deux êtres, mais rien ne dit que ceux-ci ne peuvent pas être différents.

Lorsque l'un des deux conjoints s'oublie lui-même pour ne vivre que par et pour l'autre, il y a un grave problème qui risque de faire surface un jour ou l'autre. Et puis, d'ailleurs, pourquoi faut-il qu'un des deux conjoints laisse tomber tout ce qu'il aime pour faire tout ce que l'autre aime? C'est dans un équilibre des besoins et des désirs de l'un et de l'autre qu'on peut former un couple uni.

Par exemple, une femme très indépendante qui, du jour au lendemain, laisse tomber ses amies, qui ne trouve jamais le temps de voir ou de faire ce qu'elle aimait avant sa relation amoureuse, devrait se poser certaines questions importantes, voire vitales. Pourquoi ne doit-elle maintenant fréquenter que les amis de l'homme qu'elle aime? Pourquoi, alors qu'elle jouait au tennis deux fois la semaine, n'en a-t-elle plus le temps? Si vous vous reconnaissez dans ces comportements, il est grand temps de changer quelques-unes de vos habitudes de vie...

Parce qu'il arrive qu'on se réveille un jour et que le grand amour que nous croyions vivre soit devenu un cauchemar; on se rend compte alors tristement que tout ce qu'on a fait était rattaché à la personne avec laquelle on vivait, qu'à travers notre relation, on s'était complètement oubliée. C'est dangereux, car on risque même de ne plus savoir ce que l'on aime ni même qui on est. Si nous ne nous reconnaissons plus nous-même et si les autres ne nous reconnaissent plus non plus, nous devons nous poser des questions.

Ne nous le cachons pas: nous nous faisons souvent une fausse idée de ce qu'est l'amour. Nous avons tendance à imaginer que pour qu'un amour soit *senti* et partagé, nous devons être continuellement collés l'un à l'autre, ne rien faire l'un sans l'autre, tout accepter de l'autre au nom de notre amour pour lui... Il faut faire attention, on ne doit pas être sous l'emprise de l'autre, on ne doit pas se sentir emprisonné — cela deviendrait une forme de domination de la part du conjoint. Nous ne devons

135

pas, non plus, sentir le besoin d'être toujours d'accord avec l'autre. De toute façon, c'est quelque chose de virtuellement impossible puisque chacun doit d'abord assumer ce qu'il est, prendre conscience de ses propres besoins avant d'être ensuite en mesure de les partager et de les «mélanger» avec ceux de l'autre.

Oui, nous devons pouvoir tout partager avec l'autre, mais tout en respectant nos propres sentiments, nos propres besoins, notre identité. Deux personnes qui s'aiment d'un amour profond doivent d'ailleurs avant tout commencer par se respecter; c'est la base de toute relation équilibrée. Il ne faut pas oublier que chaque personne ressent le besoin de s'isoler de temps à autre, de garder une certaine autonomie, un «espace vital», qui n'est pas le même pour chacun. Il n'y a vraiment rien de mal à consacrer quelques heures par semaine pour des activités qui nous plaisent, sans nécessairement plaire à l'autre — et puis, cela nous fera quelque chose de neuf à nous raconter mutuellement.

Pour qu'un couple s'épanouisse, pour que la vie de couple soit harmonieuse et heureuse, il faut l'apport des deux conjoints et cela signifie que les concessions et les compromis, nécessaires dans toute vie à deux, ne soient pas le fait d'un seul partenaire. Chacun doit y mettre du sien.

VERS UNE VIE DE COUPLE HARMONIEUSE

Il n'est certainement pas toujours simple de vivre une relation à deux qui soit parfaite sur tous les plans, vous le savez d'ailleurs maintenant. Mais si la vie à deux n'est pas facile, il serait injuste de croire que la réussite d'une relation est impossible. En y apportant toute l'attention qu'elle demande, on peut réussir sa vie amoureuse.

Avant de vous engager dans une nouvelle relation, voici quatorze conseils et trucs pratiques qui pourraient vous mettre sur le chemin du bonheur:

1. Apprenez la patience. Lorsqu'une relation se termine ou qu'une séparation survient, ce n'est pas tout à fait le meilleur moment pour en commencer une autre. Il faut se donner le temps de récupérer, de faire le deuil de cette personne que vous avez quittée ou qui vous a elle-même laissée. Vous devez réapprendre à vivre seule avec vous-même pour pouvoir analyser les raisons qui ont causé la fin de cette relation et ainsi être en mesure d'éviter la répétition des erreurs lorsque vous vous engagerez dans une nouvelle relation.

2. Sachez ce que vous voulez. Vous devez faire vos choix, savoir ce que vous pouvez accepter et ce que vous refusez de façon catégorique. Vous devez connaître (ou reconnaître) vos véritables besoins et, plus tard, les besoins de l'autre.

3. N'ayez pas peur de l'engagement. Lorsqu'une nouvelle relation s'amorcera, vous devrez avoir le courage de vous y engager sans crainte. Il faudra alors être sûre de vous, mais aussi être en mesure d'accorder à l'autre l'importance qu'il mérite. Vous devrez également chercher à connaître ses intérêts et ses buts dans la vie, et à lui faire part franchement des vôtres.

4. Apprenez à écouter l'autre. Peut-être avez-vous un trop-plein d'émotions à exprimer, mais il faut également prendre le temps d'écouter l'autre, car lui aussi a probablement beaucoup à vous dire. Rien n'est plus désagréable que d'être devant un moulin à paroles qui ne laisse pas le temps à l'autre de confier ses états d'âme. Il est tout aussi important de s'exprimer soi-même que d'écouter les propos de l'autre.

5. Entretenez la communication. Ne restez jamais ancrée sur vos positions, sans donner à l'autre la possibilité de s'expliquer. C'est dans une discussion franche et sincère que vous pourrez réussir à vous comprendre et à évoluer. Il faut garder une grande ouverture d'esprit dans vos dialogues.

6. Exprimez (clairement) vos idées. Nous croyons souvent — à tort d'ailleurs — que l'autre comprend automatiquement ce que nous pensons ou ce que nous disons. Apprenez donc à exprimer clairement vos pensées et assurez-vous qu'elles sont comprises.

7. Protégez votre espace vital. Tant pour vous que pour l'autre, il faut garder un minimum de liberté; des sorties ou des activités, chacun de son côté, avec vos amis propres, ne peuvent vous faire que le plus grand bien. Faites sentir à l'autre que vous lui faites confiance et que vous ne souffrez pas d'insécurité vis-à-vis de lui.

8. Ayez une attitude de respect. En amour comme en affaires, le respect est indispensable pour une relation d'égal à égal, épanouie et heureuse. Ne laissez jamais vos paroles dépasser vos pensées, cela risquerait de blesser l'autre à jamais ou, pour le moins, de briser des liens qui seront probablement difficiles à recréer. Il y a des choses qui ne s'oublient pas.

9. Faites face ensemble aux problèmes. Il ne faut pas qu'une seule personne porte les problèmes du couple. Parlez ensemble des difficultés qui se présentent pour que, ainsi, les deux puissent essayer de trouver les meilleures solutions. De cette manière, ni l'un ni l'autre ne pourra faire porter à l'autre l'échec ou la réussite de la prise de décision.

10. Évitez les remarques désobligeantes. Surtout en public! Si vous désirez faire un reproche à l'autre, attendez d'être seule avec lui. Faites preuve de diplomatie et de délicatesse, car vous pourriez le blesser. Expliquez-lui calmement votre point de vue sur telle parole qu'il a prononcée ou tel geste qu'il a fait. Et attendez-vous au même traitement lorsque vous commettrez une erreur...

11. Trouvez des activités communes. Que ce soit un sport, un programme d'exercices, le cinéma, le théâtre, un souper en tête-à-tête au restaurant ou toute autre activité qui vous intéresse mutuellement, cela ne peut que renforcer votre relation. Cela vous donnera aussi l'occasion de discuter de sujets qui vous tiennent à cœur.

12. Intéressez-vous à ce qu'il aime. Informez-vous de son travail, demandez-lui des informations sur ce qu'il fait. Vous verrez qu'il appréciera pouvoir vous confier ses réussites comme ses difficultés. Il agira aussi probablement de la même façon à votre égard. Cela ne pourra que vous rapprocher davantage.

13. Ne décidez pas pour lui. Si vous recevez une invitation ou si on vous demande votre avis sur tel ou tel sujet, ne parlez pas à sa place. Faites-lui part des demandes afin qu'il puisse prendre lui-même la décision d'y aller ou pas, ou encore qu'il puisse exprimer son opinion qui n'est pas nécessairement la vôtre.

14. Entourez-vous de gens heureux. Le bonheur des autres vous aidera à avoir une attitude plus positive face à la vie. On dirait que le bonheur est contagieux...

Chapitre 8

L'autonomie financière

Tant dans notre vie amoureuse que sur le plan professionnel, nous désirons tous connaître le succès; mais pour y arriver, il nous faut mettre toutes les chances de notre côté. Nous devons, pour commencer, nous fixer un objectif à atteindre. Lorsque nous avons décidé ce que nous voulons vraiment, il nous reste qu'à prendre tous les moyens nécessaires pour l'obtenir. Il est très important de se fixer des défis qui sont réalisables, des buts qui sont atteignables, quitte à les faire évoluer au fil de notre situation, sinon nous risquons de nous décourager rapidement.

Pour réussir notre vie, nous devons donc savoir ce que nous attendons d'elle. Si nous ne savons pas exactement vers quoi nous voulons aller, comment saurons-nous que nous y sommes arrivées?

LES ÉTAPES À FRANCHIR

Tout ne vient pas vers nous comme par magie. Nous devons prendre le temps de franchir les étapes une à une; vouloir aller trop vite ne nous apportera rien de valable, de solide, de durable. Si nous désirons donner une nouvelle orientation à notre carrière, obtenir une promotion ou changer complètement de direction professionnelle, il nous faut bien planifier ce que nous devrons faire pour réaliser nos projets. Dans certains cas, cela peut être un retour aux études à temps plein ou partiel, suivre des cours de perfectionnement ou simplement *oser* poser notre candidature pour un nouveau poste qui s'ouvre. Une parfaite planification nous donnera tous les atouts pour atteindre nos objectifs.

Plus vous serez positive, optimiste et confiante, plus le succès viendra vers vous. Tout dépend aussi, bien entendu, des efforts, de l'énergie et du travail que vous y consacrerez. Il ne faut surtout pas penser que nous n'avons qu'à le vouloir pour que tout nous arrive automatiquement. Cependant, lorsque nous désirons plus que tout réaliser notre rêve, atteindre l'autonomie — personnelle et financière —, rien ne peut nous en empêcher. C'est à nous de faire tout ce qu'il faut pour que ça fonctionne.

Conseils pratiques

1. À partir du moment où vous vous êtes fixé des objectifs à atteindre, ne les perdez plus de vue, gardez-les toujours en tête, ne laissez rien ni personne vous en éloigner.

2. Vous devez, dès le départ, avoir une immense confiance en vous et en vos buts. Cela vous permettra de gagner la confiance des gens qui vous entourent. Plus vous croirez en ce que vous faites, plus les autres pourront compter sur vous, peu importent les responsabilités que vous devrez assumer.

3. Exprimez vos idées avec franchise; votre entourage doit sentir votre enthousiasme lorsque vous décidez d'entreprendre un nouveau projet, un nouveau défi. Ils auront ainsi l'envie et le goût de vous aider, de participer à l'atteinte de vos objectifs.

4. Si vous voulez convaincre quelqu'un d'investir de l'argent ou du temps dans votre projet, soyez sincère; dites ce que vous pensez vraiment, sans faux-fuyants; expliquez exactement ce que vous avez en tête. C'est la meilleure façon d'obtenir ce que vous voulez.

Il ne reste plus qu'à foncer, à surmonter les embûches et à croire — toujours — en vous.

VOUS ÊTES CAPABLE!

Lorsque vous vous retrouvez seule, bien des choses changent ou doivent être remises en question. La première préoccupation, une fois le choc émotif passé, se situe incontestablement sur le plan financier: «Qu'est-ce que je vais faire?»

Cette question est d'autant plus pertinente pour les femmes car, ne nous le cachons pas, plusieurs ont été absentes du marché du travail pour des raisons familiales. D'autres aussi n'ont occupé que quelques emplois à temps partiel, habituellement mal rémunérés. Certaines, bien sûr, occupent différents postes dans des entreprises, mais est-ce que ce salaire, à lui seul, permettra de conserver le même niveau de vie? Ce n'est pas assuré.

Quelle que soit votre situation, il est normal et naturel que vous nourrissiez certaines inquiétudes, mais ces inquiétudes ne doivent cependant pas vous paralyser, vous empêcher d'agir. Bien au contraire, elles doivent vous stimuler, vous inciter à vous dépasser, non seulement pour la seule question financière, mais aussi pour la valorisation qu'un emploi satisfaisant peut vous apporter. Et n'ayez crainte: vous êtes capable d'y arriver! Il vous faut d'abord essayer de voir (et de percevoir) les choses dans une nouvelle perspective.

Certes, nous avons naturellement à l'esprit (quoi que certains en disent) le contexte économique difficile que nous connaissons, le fait qu'il existe bon an mal an près de 600 000 sans-emploi au Québec. Mais il ne sert à rien d'attendre que les choses *reprennent pour de bon*; de toute façon, en raison des changements structurels de notre société, les choses ne seront jamais plus comme elles ont été.

Mais si vous avez décidé de ne pas désespérer et d'agir, vous prendrez rapidement conscience que le nouveau contexte de l'emploi offre aussi des occasions incroyables. Notamment celle, de plus en plus populaire, de créer sa propre entreprise — devenir travailleuse indépendante, travailleuse autonome. Vous pensez que c'est encore quelque chose de marginal comme phénomène? Détrompez-vous: il existe présentement, au Québec, de 500 000 à 600 000 travailleuses et travailleurs autonomes! Et la plupart d'entre eux le sont devenus — comme cela peut être le cas pour vous — par la *force* des choses.

POURRIEZ-VOUS ÊTRE VOTRE PATRON?

Cependant, soulignons-le — il serait malhonnête de ne pas le faire —, il n'est pas toujours facile de créer son propre emploi (ou sa propre entreprise) et... de tenir le coup. Car n'importe qui, pour ainsi dire, est en mesure de lancer sa propre entreprise, qu'il ait des diplômes ou non, de l'expérience ou non. Ce nouveau travail peut se résumer à travailler comme pigiste — par exemple, faire du traitement de textes si vous avez un ordinateur — ou encore créer une micro-entreprise (une entreprise avec deux ou trois employés), laquelle pourrait éventuellement se développer.

Toutefois, il ne faut pas vous lancer tête baissée dans ce projet; vous devez l'aborder avec autant de sérieux (et plus de détermination) que vous n'abordez présentement votre travail. Plusieurs facteurs entrent en jeu et il est absolument nécessaire de savoir dans quoi vous vous engagez car, le sachant, vous pourrez vous y préparer et vous éviter de nombreuses difficultés.

Avoir son entreprise, travailler pour soi, c'est devenir patron. Même si vous êtes la seule employée! En d'autres mots, cela exige que vous affichiez une attitude différente, plus déterminée que lorsque vous occupiez un emploi. Le véritable «patron», c'est-à-dire l'*entrepreneur*, a une vision, un rêve, un but. Il est néanmoins capable de voir clairement la situation et d'évaluer les facteurs en jeu de façon objective. Il sait passer de l'*intention* à l'*acte*, il imagine des solutions originales, il planifie, trace sa voie et la suit.

Cette personne doit aussi avoir la capacité de s'organiser et suffisamment de discipline pour gérer son temps. Elle sait reconnaître les bonnes occasions, les qualités et la compétence des gens qui peuvent lui être utiles.

SE CONNAÎTRE

Si aucun diplôme n'est exigé et si aucune expérience n'est nécessaire pour créer sa propre entreprise, cela ne signifie pas que vous n'ayez pas besoin de *connaissances*. Au début, lorsque vous verrez tout ce dont vous devrez tenir compte — comptabilité, finances, lois et règlements, relations publiques, marketing et quoi encore! —, vous risquez d'être effrayée. Abordez donc tout cela avec sérieux, mais — de grâce! — ne paniquez pas et, surtout, n'ayez pas peur des mots!

Analysez qui vous êtes et ce que vous voulez; vous aurez ainsi une bonne idée de la voie que vous pouvez choisir. Ne sous-estimez pas votre expérience, vous en possédez vraisemblablement beaucoup plus que vous ne l'imaginez. Vous avez *juste* été mère de famille? Mais c'est tout un bagage! Cela signifie que vous avez acquis une expérience en planification, en organisation et en négociation!

Tenez donc compte de toutes vos expériences de travail, même si elles vous paraissent négligeables — rappelez-vous même les emplois que vous avez eus quand vous étiez jeune étudiante. Rien ne se perd. Une expérience est toujours valable, quelle qu'elle soit, et il est important de voir comment nous pouvons la mettre à profit pour ce que nous nous préparons à faire.

N'hésitez pas non plus à faire appel à des personnes-ressources, à des amis qui ont de l'expérience, à des professionnels que vous connaissez. Utilisez toutes les ressources dont vous disposez.

QUE VAIS-JE FAIRE?

Les difficultés ne vous effraient pas et vous avez décidé de plonger? Vous retirerez probablement beaucoup de cette décision. D'une part, vous réussirez indéniablement à gagner votre vie (et peut-être même faire plus d'argent que vous ne l'imaginez); d'autre part, vous retirerez un sentiment de satisfaction et de valorisation comme vous n'en avez probablement jamais ressenti.

Créer une entreprise, c'est bien beau, mais laquelle? Voilà une décision cruciale: dans quoi vous lancerez-vous? Bien sûr, idéalement, vous devriez tout d'abord regarder le domaine dans lequel vous travaillez présentement ou certains domaines connexes; ce faisant, vous mettriez des atouts supplémentaires de votre côté. Mais vous n'avez pas besoin de copier les autres, vous pouvez innover! Plutôt que d'ouvrir une boutique de vêtements, vous pourriez les vendre chez vous, dans une pièce ou deux que vous réserveriez à cela, ou encore créer un service personnalisé d'achats de vêtements à domicile. Vous avez d'ailleurs probablement déjà votre idée en tête; cessez donc de simplement y penser et agissez!

Bien entendu, une fois le moment venu de passer aux actes, de lancer votre entreprise, certains aspects demanderont sûrement à être éclaircis. Vous désirerez obtenir certaines informations et un peu d'aide. Toutes ces ressources existent, il n'en tient qu'à vous d'y avoir recours. Dans certains cas, cela exigera des efforts et beaucoup de travail. Si vous êtes perspicace, vous y parviendrez. Et dans vos moments de déprime (parce qu'il y en aura!), demandez-vous pourquoi vous ne réussiriez pas si d'autres ont réussi...

POUR PASSER À L'ACTION

Voici quelques questions que vous vous poserez et quelques réponses ou pistes à suivre.

OÙ TROUVER L'AIDE NÉCESSAIRE

Il vous faut commencer par faire un plan d'affaires, qui sera d'ailleurs essentiel si vous recherchez du financement. Ce plan sera en quelque sorte le baromètre de votre entreprise, une indication de ses conditions de réalisation et de succès. Vous pouvez vous-même le faire. Il existe quantité de livres en librairie qui vous conseilleront judicieusement sur la marche à suivre.

D'autre part, différents ministères offrent des guides d'information qui peuvent vous aider à mettre sur pied votre petite entreprise. Vous pouvez aussi examiner certains programmes gouvernementaux qui pourraient vous offrir des subventions ou des prêts avantageux pour donner vie à votre entreprise.

Les institutions bancaires sont aussi de plus en plus ouvertes à des projets comme ceux-là. Elles vous offrent de l'information en plus des moyens financiers qui vous permettront de démarrer votre projet.

QUELLE STRUCTURE JURIDIQUE

Selon l'entreprise que vous lancez, vous pouvez fonctionner avec une raison sociale (dont le coût est d'une trentaine de dollars). Vous pouvez aussi choisir l'une des diverses formes ou structures juridiques que pourra vous présenter un avocat ou un notaire.

OÙ TROUVER LE FINANCEMENT

Il existe de nombreux programmes de subventions et de prêts à taux avantageux au sein des différents ministères, tant fédéraux que provinciaux. Vous pouvez obtenir de l'aide financière auprès des Centres d'emplois du Canada (programme ATI), auprès des Centres Travail-Québec (spécialement pour les gens prestataires de la Sécurité du revenu) et auprès des SAJE (Service d'aide aux jeunes entrepreneurs) de votre région. Les associations communautaires peuvent aussi habituellement bien vous diriger dans vos démarches. Les institutions financières offrent également différentes avenues, mais elles semblent encore avoir bien de la difficulté avec le concept du travailleur autonome et de la micro-entreprise...

COMMENT FIXER VOS HONORAIRES

Vous pouvez décider de fixer vos honoraires en regardant combien vous voulez gagner annuellement. Vous ne devez pas oublier d'y inclure vos périodes de vacances et les frais rattachés à votre bureau à la maison. Vous devez faire la différence entre votre salaire et votre chiffre d'affaires, car il doit être déduit de tous les frais de votre entreprise.

COMMENT PUBLICISER VOTRE NOUVELLE ENTREPRISE

Même si vous travaillez de votre maison, vous devez donner à vos clients une image professionnelle et sérieuse; par exemple, il est utile de vous faire faire des cartes professionnelles. Entre autres, une publicité dans votre hebdomadaire local peut vous permettre de faire connaître vos services.

Avez-vous l'âme d'un patron?

Cochez les affirmations qui sont vraies pour vous.

1. J'aimerais avoir des revenus plus importants.

2. J'apprécierais avoir plus de temps libre.

3. J'aimerais me sentir valorisée.

4. Je hais mes supérieurs au travail!

5. Je crois que travailler serait plaisant.

---

6. Je viens de perdre mon emploi (ou je reviens sur le marché du travail).

7. Je cherche un travail plus satisfaisant.

8. J'ai besoin de relever des défis.

9. Je pourrais créer des choses intéressantes.

10. J'aimerais travailler seule.

11. Je veux avoir le contrôle de mon travail.

12. Je pourrais mieux me servir de mon potentiel.

Si vous avez coché les affirmations 3, 7, 8, 9, 11 et 12 ou la plupart d'entre elles, vous avez vraisemblablement le potentiel pour créer votre emploi ou votre entreprise; par contre, si vous avez coché les affirmations 1, 2, 4, 5 et 10 ou la plupart d'entre elles, vous devez absolument revoir vos motivations et votre démarche, au risque d'être déçue.

LE POUR ET LE CONTRE

Cela dit, il y a de nombreux avantages à travailler à son compte, que ce soit dans son entreprise ou à titre de travailleur autonome. Cependant, il y a aussi des difficultés et des inconvénients.

POUR

1. Vous contrôlez vos activités. C'est là l'un des avantages les plus appréciés par ceux et celles qui travaillent à leur compte. Vous êtes votre patron, vous n'avez de comptes à rendre qu'à vous.

151

2. Vous avez des avantages fiscaux et financiers. De nombreuses dépenses reliées à votre travail peuvent être déduites des impôts à payer; entre autres, les frais de transport (incluant votre voiture), la partie du loyer proportionnelle à l'espace que vous utilisez pour votre travail, les dépenses de papeterie, de photocopies, d'ordinateurs et autres équipements de bureau, les frais de téléphone.

3. Vous faites des économies! En travaillant à la maison, vous faites, sans parfois vraiment vous en rendre compte, des économies substantielles. Vous économisez sur vos frais de transport (et le temps que cela exigerait!); vous économisez sur votre garde-robe puisque vos besoins sont moindres, n'ayant pas à rencontrer des clients tous les jours.

4. Votre créativité s'exprime mieux. Lorsque vous travaillez à votre compte, vous avez la possibilité de laisser libre cours à votre créativité et d'utiliser vos talents comme bon vous semble. Vous avez de meilleures chances de vous épanouir et de vous réaliser.

5. Liberté et souplesse! En travaillant pour vous, vous avez la possibilité d'organiser votre horaire comme bon vous semble. En profitant de la souplesse de vos horaires, vous pouvez profiter d'une plus grande liberté — privilège d'entre les privilèges!

CONTRE

1. Les difficultés de financement. C'est la difficulté numéro un de toute personne qui souhaite s'installer à son compte, car les négociations avec les institutions financières sont, la plupart du temps, très difficiles lorsque vous n'avez pas de salaire assuré. Les statistiques nous révèlent d'ailleurs que 77 % des gens qui créent leur emploi ou leur entreprise le font avec leurs économies.

2. L'isolement pèse (parfois) lourd. Il est parfois difficile de travailler seule pendant de longues périodes, surtout si vous ne profitez pas de «contacts» avec l'extérieur.

3. Trouver la motivation. Travailler pour soi exige qu'on soit en mesure de se motiver à tout moment, même lorsque les résultats tardent à venir ou qu'on connaît certaines difficultés. Si vous n'êtes pas capable de le faire, vous ne pourrez pas réussir.

4. Surmonter l'insécurité. Travailler pour soi exige qu'on adopte une nouvelle façon de gérer ses finances. Les revenus ne rentreront pas nécessairement de façon régulière; on reçoit souvent un montant substantiel, puis il n'y a rien pendant quelques semaines. Il est donc important de planifier.

5. Gérer votre temps. Lorsque vous travaillez à partir de chez vous, pour bien des gens, ce n'est plus du travail. Les parents téléphonent, les amis passent prendre un café. Et puis, il y a les petites choses que vous avez oubliées et que vous faites pendant votre période de travail. Prudence! Sinon, vous n'arriverez à rien.

Conclusion

Il vous faut changer, mais en faisant preuve de discernement et de prudence. Il ne s'agit pas simplement de changer pour changer. Dites-vous bien que le cheminement dans lequel vous vous êtes engagée ne touche que vous. En bout de ligne, vous seule savez ce que vous devez faire, ce qui vous convient.

Cela dit, certaines *étapes* sont incontournables. Pour commencer, examinez calmement votre vie; vous vous rendrez peut-être compte que votre vie d'avant ne vous convenait plus, qu'elle n'avait pas évolué au même rythme que vos valeurs ou vos attentes. Il est certain que chacune d'entre nous a ses priorités, les enfants, le travail, etc., mais il ne faut pas pour cela s'oublier complètement. Nous nous devons à nous-même de répondre à nos désirs et à nos attentes. Nous le méritons bien!

Trop de femmes, dans le passé, n'ont vécu que pour le bien-être des autres et se sont complètement oubliées; elles sont passées à côté de plein de choses qui les auraient sûrement rendues heureuses. Mais c'était alors la façon de faire, la façon d'être. Nous ne devons pas nécessairement reproduire ce modèle... Et puis, dites-vous bien que plus vous vous sentirez bien dans votre peau, dans votre vie, plus vous rendrez les personnes qui vous entourent heureuses à leur tour.

Vous venez de vivre un événement bouleversant, certes, qui a chambardé toute votre vie. Vous avez pleuré et remis tout et tous en question, et cela faisait partie du processus normal de guérison. On n'efface pas une grande partie de sa vie comme ça, sans douleur. Mais maintenant, il faut passer à autre chose. Vous seule êtes responsable de votre avenir.

Prenez le temps de vous retrouver, de comprendre et resaisissez-vous. Vous constaterez bientôt que vous êtes finalement sortie grandie de cette aventure. Tournez-vous vers l'avenir avec confiance. Vous pourriez être surprise de ce qu'il vous réserve...

Table des matières

DATE DUE